La Magie du Micro-Ondes

Cuisine Express et Délicieuse

Émilie Dupuis

Contenu

Bœuf braisé et légumes *14*
Ragoût de bœuf *15*
Hot pot de boeuf et légumes *16*
Bœuf au curry *17*
Le papa de base *18*
Tarte au cottage *19*
Tarte maison au fromage *19*
Hacher avec de l'avoine *20*
Chili con carne *20*
sauce au curry *21*
Ragoût de bœuf *22*
Ragoût de boeuf aux pommes de terre bouillies *23*
Ragoût de haricots et de bœuf aux tomates *23*
Tarte au bœuf et aux tomates *24*
Kebab à base de bœuf et de champignons *25*
Agneau farci *27*
Brochette d'agneau forgée *28*
Brochette d'agneau classique *29*
Agneau du Moyen-Orient aux fruits *30*
Simili ragoût irlandais *32*
Côtelettes d'agneau de femme de fermier *32*
Potée d'agneau *33*

Pain d'agneau à la menthe et au romarin *34*
Ragoût d'agneau aux tomates *35*
Lamb Biryani *36*
Biryani garni *37*
Moussaka *38*
Moussaka aux pommes de terre *40*
Moussaka Rapide *40*
viande d'agneau *42*
Pâté chinois *42*
Foie de village au vin rouge *43*
Foie et bacon *44*
Foie et bacon à la pomme *45*
Rognons au vin rouge avec du cognac *46*
Steaks de gibier aux huîtres et fromage bleu *48*
Préparation de petites pâtes *49*
Salade chinoise de nouilles et champignons aux noix *49*
Macaroni au poivre *50*
Macaroni au fromage familial *51*
Macaroni au fromage classique *52*
Macaroni au fromage au stilton *53*
Macaroni au fromage et bacon *53*
Macaroni au fromage et aux tomates *54*
Spaghetti carbonara *54*
Macaroni au fromage façon pizza *55*
Crème de spaghetti aux oignons nouveaux *57*
Spaghetti bolognaise *57*
Spaghetti à la sauce bolognaise à la dinde *58*

Spaghetti à la sauce ragoût *59*
Spaghettis au beurre *61*
Pâtes à l'ail *61*
Spaghetti au bœuf et légumes variés sauce bolognaise *63*
Spaghetti à la sauce à la viande et à la crème *64*
Spaghetti à la viande sauce marsala *64*
Pâtes à la marinara *65*
Pâtes matriciennes *66*
Pâtes au thon et câpres *67*
Pâtes Napoletana *68*
Pâtes Pizzaiola *69*
Pâtes aux petits pois *69*
Pâtes à la sauce au foie de poulet *69*
Pâtes aux anchois *70*
Raviolis à la sauce *70*
Tortellinis *71*
Lasagne *72*
Pizza Napoletana *73*
Pizza Margarita *74*
Pizza aux fruits de mer *74*
Pizza Sicilienne *74*
Pizza aux champignons *74*
Pizza au jambon et à l'ananas *75*
Pizza au pepperoni *75*
Amandes effilées au beurre *76*
Amandes effilées au beurre à l'ail *76*
Châtaignes séchées *76*

Sécher les herbes	77
Chapelure croustillante	78
Burgers aux noix	79
Gâteau aux noix	80
Sarrasin	81
bulgare	82
Bulgar aux oignons frits	83
taboule	84
Salade Sultane	85
Couscous	86
Gruau	87
Gnocchis à la romaine	88
Gnocchis Au Jambon	89
Millet	90
Polenta	91
Polenta grillée	92
Polenta au pesto	92
Polenta aux tomates séchées ou pâte d'olives	93
quinoa	93
polenta roumaine	94
Riz au curry	95
Casserole de fromage cottage et de riz	96
Risotto Italien	97
Risotto aux champignons	98
Riz brésilien	98
Riz à l'espagnole	99
Pilaf turc ordinaire	100

Pilaf turc riche *101*
Riz thaï à la citronnelle, feuilles de citron vert et noix de coco.... *102*
Gombo au chou.. *104*
Chou rouge à la pomme.. *105*
Chou rouge au vin.. *107*
Choucroute norvégienne *107*
Compote de gombos à la grecque et tomates......................... *108*
Légumes verts à la tomate, à l'oignon et au beurre de cacahuète *109*
Navets sucrés et crémeux *110*
Betterave à l'orange *111*
Céleri pelé... *112*
Céleri à la sauce hollandaise à l'orange *113*
Ragoût de légumes minceur *114*
Casserole de légumes aux œufs de Slimmer *114*
Ratatouille.. *115*
Panais caramélisés *116*
Panais avec sauce aux œufs et beurre *117*
Brocoli au fromage Suprême *119*
Guvetch *120*
Fromage de céleri au bacon *121*
Ragoût d'artichauts au bacon... *122*
Pommes de terre caréliennes *123*
    Casserole hollandaise de pommes de terre et de Gouda avec tomates *124*
Patates douces enrobées de beurre et de crème *125*
Patate douce Maître d'Hôtel *126*
Pommes de terre à la crème *126*

Pommes de terre crémeuses au persil *127*
Pommes de terre crémeuses au fromage *128*
Pommes de terre hongroises au paprika *128*
Pommes de terre dauphines *129*
Pommes de terre de Savoie *130*
Pommes de terre du château *131*
Pommes de terre sauce au beurre d'amande *131*
Tomates moutarde et citron vert *132*
Compote de concombre *133*
Compote de concombre au Pernod *134*
Moelle espagnole *134*
Gratin de courgettes et tomates *135*
Courgettes aux baies de genièvre *137*
Feuilles de Chine au beurre au Pernod *138*
Germes de soja à la chinoise *139*
Carotte à l'orange *140*
Compote de chicorée *141*
Compote de carottes au citron vert *142*
Fenouil au Xérès *143*
Compote de poireaux au jambon *144*
Poireaux en pot *145*
Céleri en pot *146*
Poivrons farcis à la viande *146*
Poivrons farcis à la viande et aux tomates *147*
Poivrons farcis à la dinde au citron et au thym *147*
Éponges à la crème à la polonaise *148*
Poivrons aux champignons *149*

Champignons au curry *149*
Dhal de lentilles *150*
Dhal à l'oignon et à la tomate *152*
Légumes de Madras *154*
Curry de légumes mélangés *156*
Salade méditerranéenne gélifiée *158*
Salade de gelée grecque *159*
Salade de gelée russe *159*
Salade de chou à la mayonnaise à la moutarde *160*
Coupes de betteraves, céleri et pommes *161*
Coupes Waldorf simulées *162*
Salade de céleri à l'ail, mayonnaise et pistaches *163*
Salade continentale de céleri *163*
Salade de céleri au bacon *164*
   Salade d'artichauts aux poivrons et œufs dans une vinaigrette chaude *165*
Garniture à la sauge et à l'oignon *166*
Garniture au céleri et au pesto *167*
Garniture aux poireaux et tomates *168*
Garniture au bacon *168*
Garniture au bacon et aux abricots *169*
Garniture aux champignons, citron et thym *170*
Garniture aux champignons et poireaux *170*
Garniture au jambon et à l'ananas *171*
Garniture asiatique aux champignons et noix de cajou *172*
Garniture au jambon et aux carottes *173*
Garniture au jambon, banane et maïs sucré *174*

Garniture italienne *174*
Garniture espagnole *175*
Garniture à l'orange et à la coriandre *176*
Garniture au citron vert et à la coriandre *176*
Garniture à l'orange et à l'abricot *177*
Garniture aux pommes, raisins secs et noix *178*
Garniture aux pommes, pruneaux et noix du Brésil *179*
Garniture aux pommes, dattes et noisettes *180*
Garniture à l'ail, au romarin et au citron *180*
Garniture à l'ail, au romarin et au citron avec du parmesan *181*
Garniture de poissons et crustacés *182*
Garniture au jambon de Parme *182*
Garniture de chair à saucisse *183*
Garniture de viande de saucisse et de foie *183*
Garnir de chair à saucisse et de maïs sucré *184*
Garniture de saucisses et de viande d'orange *184*
Garniture aux marrons et à l'œuf *184*
Garniture aux marrons et aux canneberges *185*
Garniture crémeuse aux marrons *186*
Garniture crémeuse aux marrons et aux saucisses *187*
Garniture crémeuse aux marrons entiers *187*
Garniture aux marrons au persil et au thym *188*
Garniture aux marrons et au jambon *189*
Garniture de foie de poulet *190*
Foie de poulet fourré aux pacanes et à l'orange *191*
Garniture triple noix *191*
Garniture de pommes de terre et foie de dinde *192*

Riz fourré aux herbes *193*
Riz espagnol fourré aux tomates *194*
Garniture aux fruits de riz *195*
Garniture de riz Père de l'Est *196*
Délicieuse garniture de riz aux noix *196*
Croustilles au chocolat *197*
Gâteau du diable *198*
Gâteaux au moka *199*
Gâteau multicouche *200*
Gâteau aux cerises de la Forêt-Noire *200*
Gâteau au chocolat et à l'orange *201*
Gâteau à la crème au chocolat *202*
Gâteau au chocolat et moka *203*
Gâteau orange-chocolat *204*
Gâteau aux deux chocolats *204*
Gâteau à la chantilly et aux noix *204*
Gâteau de Noël *205*
Brownies américains *206*
Brownies au chocolat et aux noix *207*
Triangles de caramel à l'avoine *208*
Triangles de muesli *208*
Reines au chocolat *209*
Queenies feuilletées au chocolat *210*
Gâteau au son et à l'ananas pour le petit-déjeuner *211*
Biscuit aux fruits et au chocolat Gâteau croquant *212*
Gâteau croquant aux biscuits et moka aux fruits *213*
Crunch Cake aux fruits, rhum et raisins secs *213*

Gâteau croquant à base de whisky aux fruits et de biscuits à l'orange 213
Gâteau croquant au chocolat blanc 214
Cheesecake à deux étages aux abricots et aux framboises 214
Gâteau au fromage au beurre de cacahuète 217
Gâteau au fromage au citron 218
Cheesecake au chocolat 219

Bœuf braisé et légumes

Serveur 4

30 ml/2 cuillères à soupe de beurre ou de margarine, température de la cuisine
1 gros oignon, râpé
3 carottes, tranchées finement
75 g/3 oz de champignons, tranchés finement
450 g de rumsteck coupé en petits cubes
1 cube de bouillon de boeuf
15 ml/1 cuillère à soupe de farine nature (tout usage)
300 ml/½ pt/1¼ tasse d'eau tiède ou de bouillon de bœuf
Poivre noir fraichement moulu
5 ml/1 cuillère à café de sel

Placer le beurre ou la margarine dans un plat allant au four de 20 cm/8 pouces (faitout). Décongeler pendant 45 secondes. Ajouter les légumes et le steak et bien mélanger. Cuire à découvert jusqu'à la fin pendant 3 minutes. Émietter dans un cube de bouillon et mélanger la farine et l'eau tiède ou le bouillon. Déplacer le mélange vers le bord du bol pour former un anneau en laissant un petit trou au milieu. Saupoudrer de poivre. Couvrir d'un film alimentaire (pellicule plastique) et couper en deux pour laisser s'échapper la vapeur. Cuire à feu vif pendant 9 minutes en retournant une fois. Laisser reposer 5 minutes, saler et servir.

Ragoût de bœuf

Serveur 4

450 g de steak maigre à braiser, coupé en petits cubes
15 ml/1 cuillère à soupe de farine nature (tout usage)
Casserole de légumes surgelés non décongelés de 250 g/9 oz
300 ml/½ pt/1¼ tasse d'eau bouillante
1 cube de bouillon de boeuf
Poivre fraîchement moulu
2,5-5 ml/½-1 cuillère à café de sel

Placer le steak dans un plat à four de 23 cm/9 pouces (faitout), pas trop profond. Saupoudrer de farine, puis bien mélanger pour bien enrober. Étalez légèrement en une seule couche. Coupez les légumes en morceaux et disposez-les autour de la viande. Couvrir d'un film alimentaire (pellicule plastique) et couper en deux pour laisser s'échapper la vapeur. Cuire jusqu'à la fin des 15 minutes en retournant la poêle quatre fois. Versez de l'eau sur la viande et émiettez le cube de bouillon. Assaisonner de poivre et bien mélanger. Couvrir comme avant, puis cuire à feu vif pendant 10 minutes en retournant la poêle trois fois. Laisser reposer 5 minutes, puis mélanger, saler et servir.

Hot pot de boeuf et légumes

Serveur 4

450 g de pommes de terre
2 carottes
1 gros oignon
450 g de steak maigre à braiser, coupé en petits cubes
1 cube de bouillon de boeuf
150 ml/¼ pt/2/3 tasse de bouillon de bœuf ou de légumes chaud
30 ml/2 cuillères à soupe de beurre ou de margarine

Coupez les pommes de terre, les carottes et les oignons en fines tranches transparentes. Coupez l'oignon en rondelles. Graisser soigneusement une cocotte de 1,75 pinte/3 pt/7½ tasse. Remplissez de couches alternées de légumes et de viande, en commençant et en terminant par des pommes de terre. Couvrir d'un film alimentaire (pellicule plastique) et couper en deux pour laisser s'échapper la vapeur. Cuire jusqu'à la fin des 15 minutes en retournant la poêle trois fois. Émiettez un cube de bouillon dans le bouillon chaud et remuez jusqu'à ce qu'il se dissolve. Versez délicatement depuis le côté du bol pour qu'il s'écoule à travers la viande et les légumes. Couvrir de flocons de beurre ou de margarine. Couvrir comme avant et cuire à feu vif pendant 15 minutes en retournant la poêle trois fois. Laisser poser 5 minutes. Rôtir sur un gril chaud (gril), au choix.

Bœuf au curry

Pour 4 à 5 personnes

Une version anglicisée d'un curry moyennement piquant. Servir avec du riz basmati et des sambals (accompagnement) de yaourt nature, des tranches de concombre saupoudrées de coriandre fraîche hachée (coriandre) et du chutney.

450 g de bœuf maigre, coupé en petits cubes
2 oignons, hachés
2 gousses d'ail, écrasées
15 ml/1 cuillère à soupe d'huile de tournesol ou de maïs
30 ml/2 cuillères à soupe de poudre de curry piquant
30 ml/2 cuillères à soupe de purée de tomates (pâte)
15 ml/1 cuillère à soupe de farine nature (tout usage)
4 gousses de cardamome verte
15 ml/1 cuillère à soupe de garam masala
450 ml/¾ pt/2 tasses d'eau tiède
5 ml/1 cuillère à café de sel

Mettez la viande en une seule couche dans une assiette creuse d'un diamètre de 25 cm/10. Couvrir d'une assiette et cuire à pleine température pendant 15 minutes en remuant deux fois. Pendant ce temps, faites revenir (faire revenir) l'oignon et l'ail dans l'huile dans une poêle (casserole) à feu moyen jusqu'à ce qu'ils soient dorés.

Incorporer la poudre de curry, la pâte de tomate, la farine, les gousses de cardamome et le garam masala, puis incorporer progressivement l'eau chaude. Cuire en remuant jusqu'à ce que le mélange bout et épaississe. Sortez le récipient à viande du micro-ondes et mélangez-y le contenu de la casserole. Couvrez d'un film alimentaire (film plastique) et coupez en deux pour laisser s'échapper la vapeur. Cuire jusqu'au bout de 10 minutes en retournant la poêle deux fois. Laisser reposer 5 minutes avant de servir.

Le papa de base

Serveur 4

450 g/1 lb/4 tasses de bœuf haché maigre
1 oignon, râpé
30 ml/2 cuillères à soupe de farine nature (tout usage)
450 ml/¾ pt/2 tasses d'eau tiède
1 cube de bouillon de boeuf
5 ml/1 cuillère à café de sel

Placer la viande dans un plat de 20 cm/8 de profondeur. Mélangez bien l'oignon et la farine avec une fourchette. Cuire à découvert jusqu'au bout de 5 minutes. Cassez la viande avec une fourchette. Ajouter de l'eau et émietter dans un cube de bouillon. Bien mélanger pour mélanger. Couvrir d'un film alimentaire (pellicule plastique) et couper en deux pour laisser s'échapper la vapeur. Cuire jusqu'à la fin des 15 minutes en retournant la poêle quatre fois. Laisser poser 4 minutes. Ajoutez du sel et remuez avant de servir.

Tarte au cottage

Serveur 4

1 quantité de garniture de base
675 g/1½ lb de pommes de terre fraîchement bouillies
30 ml/2 cuillères à soupe de beurre ou de margarine
60 à 90 ml/4 à 6 cuillères à soupe de lait chaud

Refroidir le Basic Mince jusqu'à ce qu'il soit tiède et transférer dans un plat à tarte graissé de 1 litre/1¾ pt/4¼ tasse. Battez les pommes de terre avec du beurre ou de la margarine et suffisamment de lait pour obtenir une purée légère et aérée. Râper sur le mélange de viande ou étaler uniformément et déchiqueter avec une fourchette. Réchauffer à découvert à feu vif pendant 3 minutes. Vous pouvez également les rôtir sur un gril chaud (gril).

Tarte maison au fromage

Serveur 4

Préparez comme pour la tarte cottage, mais ajoutez 50 à 75 g de fromage cheddar râpé aux pommes de terre après les avoir crémées avec du beurre et du lait chaud.

Hacher avec de l'avoine

Serveur 4

Préparez comme pour la viande hachée Basic, mais ajoutez 1 carotte râpée avec l'oignon. Remplacez la farine par 25 g/1 oz/½ tasse de flocons d'avoine. Cuire une première fois pendant 7 minutes.

Chili con carne

Pour 4 à 5 personnes

450 g/1 lb/4 tasses de bœuf haché maigre
1 oignon, râpé
2 gousses d'ail, écrasées
5 à 20 ml/1 à 4 cuillères à café de piment
400 g/14 oz/1 grande boîte de tomates hachées
5 ml/1 cuillère à café de sauce Worcestershire
400 g/14 oz/1 grande boîte de haricots rouges, égouttés
5 ml/1 cuillère à café de sel

Pommes de terre ou riz bouilli, pour servir

Placer le bœuf dans un plat à four de 23 cm/9 pouces (faitout). Incorporer l'oignon et l'ail à la fourchette. Cuire à découvert jusqu'au bout de 5 minutes. Cassez la viande avec une fourchette. Incorporer tous les ingrédients restants, sauf le sel. Couvrir d'un film alimentaire (pellicule plastique) et couper en deux pour laisser s'échapper la vapeur. Cuire jusqu'à la fin des 15 minutes en retournant la poêle trois fois. Laisser poser 4 minutes. Assaisonner de sel avant de servir avec des pommes de terre ou du riz bouilli.

sauce au curry

Serveur 4

2 oignons, râpés
2 gousses d'ail, écrasées
450 g/1 lb/4 tasses de bœuf haché maigre
15 ml/1 cuillère à soupe de farine nature (tout usage)
5 à 10 ml/1 à 2 cuillères à soupe de poudre de curry doux
30 ml/2 cuillères à soupe de chutney de fruits
60 ml/4 cuillères à soupe de purée de tomates (pâte)
300 ml/½ pt/1¼ tasse d'eau bouillante
1 cube de bouillon de boeuf
Sel et poivre noir fraîchement moulu

Écrasez ensemble l'oignon, l'ail et le bœuf. Étaler dans un plat à four de 20 cm/8 pouces (faitout). Formez un anneau autour du bord du bol en laissant un petit trou au centre. Couvrir d'une assiette et cuire à pleine température pendant 5 minutes. Rompre avec une fourchette. Incorporez la farine, le curry, le chutney et le concentré de tomates. Incorporez progressivement l'eau, puis émiettez-la en un cube de bouillon. Couvrez d'un film alimentaire (film plastique) et coupez en deux pour laisser s'échapper la vapeur. Cuire jusqu'à la fin des 15 minutes en retournant la poêle trois fois. Laisser poser 4 minutes. Goûtez, remuez et servez.

Ragoût de bœuf

Pour 6 personnes

40 g/1½ oz/3 cuillères à soupe de beurre, de margarine ou de shortening
675 g/1½ lb de steak braisé, coupé en petits cubes
2 gros oignons, râpés
1 poivron vert moyen, épépiné et coupé finement
2 gousses d'ail, écrasées
4 tomates blanchies, pelées et hachées
45 ml/3 cuillères à soupe de purée de tomates (pâte)
15 ml/1 cuillerée de paprika
5 ml/1 cuillère à café de graines de cumin
5 ml/1 cuillère à café de sel
300 ml/½ pt/1¼ tasse d'eau bouillante
150 ml/¼ pt/2/3 tasse de crème sure (laitière)

Placez la graisse dans un récipient de 1,75 litre/3 pt/7½ tasse. Faire fondre à découvert à feu vif pendant 1 minute. Mélangez la viande, l'oignon, le poivron et l'ail, couvrez d'un film alimentaire (pellicule plastique) et coupez en deux pour laisser s'échapper la vapeur. Cuire jusqu'à la fin des 15 minutes en retournant la poêle quatre fois. Découvrez et incorporez les tomates, la purée de tomates, le paprika et le cumin, couvrez comme avant et faites cuire à feu vif pendant 15 minutes en retournant la poêle quatre fois. Salez et mélangez délicatement à l'eau bouillante, versez dans des assiettes creuses et recouvrez chacune généreusement de crème.

Ragoût de boeuf aux pommes de terre bouillies

Pour 6 personnes

Préparez comme pour un ragoût de bœuf, mais omettez la crème et ajoutez 2-3 pommes de terre bouillies entières à chaque portion.

Ragoût de haricots et de bœuf aux tomates

Pour 6 personnes

425 g/15 oz/1 grande boîte de beurre
275 g/10 oz/1 boîte de soupe aux tomates
30 ml/2 cuillères à soupe d'oignon séché
6 tranches de steak grillé, env. 125 g/4 oz chacun, fouettés directement
Sel et poivre noir fraîchement moulu

Placer les haricots, la soupe et l'oignon dans un plat à four de 20 cm (faitout). Couvrir d'une assiette et cuire à pleine température pendant 6 minutes en remuant trois fois. Disposez les steaks sur le pourtour de la poêle. Couvrir d'un film alimentaire (pellicule plastique) et couper en deux pour laisser s'échapper la vapeur. Cuire jusqu'à la fin des 17 minutes en retournant la poêle trois fois. Laisser poser 5 minutes. Découvrez et dégustez avant de servir.

Tarte au bœuf et aux tomates

Pour 2-3 personnes

275 g/10 oz/2½ tasses de bœuf haché (haché)
30 ml/2 cuillères à soupe de farine nature (tout usage)
1 oeuf
5 ml/1 cuillère à café de poudre d'oignon
150 ml/¼ pt/2/3 tasse de jus de tomate
5 ml/1 cuillère à café de sauce soja
5 ml/1 cuillère à café d'origan séché
Pâtes cuites pour servir

Graisser légèrement un moule à gâteau ovale de 900 ml/1½ pt/3¾ tasse. Mélangez le bœuf avec tous les ingrédients restants et répartissez-le uniformément dans le plat. Couvrir d'un film alimentaire (pellicule plastique) et couper en deux pour laisser s'échapper la vapeur. Cuire jusqu'à cuisson complète pendant 7 minutes, en retournant la poêle deux fois. Laisser poser 5 minutes. Coupez-le en deux ou trois morceaux et servez chaud avec des pâtes.

Kebab à base de bœuf et de champignons

Serveur 4

24 feuilles de laurier fraîches ou séchées
½ poivron rouge coupé en petits carrés
½ poivron vert, coupé en petits carrés
750 g de steak (rôti), paré et coupé en dés de 2,5 cm
175 g de champignons
50 g/2 oz/¼ tasse de beurre ou de margarine, à température ambiante
5 ml/1 cuillère à café de paprika
5 ml/1 cuillère à café de sauce Worcestershire
1 gousse d'ail, écrasée
175 g/6 oz/1½ tasse de riz, cuit

Si vous utilisez des feuilles de laurier séchées, placez-les dans un petit bol, ajoutez 90 ml/6 cuillères à soupe d'eau et couvrez d'une soucoupe. Chauffer à feu vif pendant 2 minutes pour ramollir. Placez les carrés de poivrons dans un bol et recouvrez-les simplement d'eau. Couvrir d'une assiette et faire chauffer 1 minute pour ramollir. Égouttez le paprika et les feuilles de laurier. Enfiler le bœuf, les champignons, les carrés de poivrons et le laurier sur douze brochettes en bois de 10 cm/4. Disposez les brochettes comme des rayons sur une roue dans une assiette creuse d'un diamètre de 25cm/10. Mettez le beurre ou la margarine, le paprika, la sauce Worcestershire et l'ail dans une petite casserole et faites chauffer à découvert pendant 1 minute. Badigeonner les brochettes. Cuire à découvert pendant 8 minutes en retournant la poêle quatre fois. Retournez délicatement les brochettes et enduisez-les du reste du mélange de beurre. Cuire à feu vif pendant encore 4 minutes en retournant la poêle deux fois. Disposez sur le fond de riz et versez dessus le jus du bol. Comptez trois kebabs par personne.

Agneau farci

Serveur 4

Il y a ici une approche un peu moyen-orientale. Servir l'agneau avec du pain pita chaud et une salade verte parsemée d'olives et de câpres.

4 morceaux de filet de cou d'agneau d'env. 15 cm de long et 675 g/½ lb chacun

3 grosses tranches de pain blanc croustillant, coupées en cubes

1 oignon, coupé en 6 cubes

45 ml/3 cuillères à soupe de pignons de pin grillés

30 ml/2 cuillères à soupe de groseilles

2,5 ml/½ cuillère à café de sel

150 g/5 oz/2/3 tasse de yogourt grec nature épais
Cannelle moulue
8 champignons
15 ml/1 cuillère à soupe d'huile d'olive

Coupez le gras de l'agneau. Faites une entaille sur toute la longueur de chaque morceau, en prenant soin de ne pas couper directement la viande. Broyer ensemble les cubes de pain et les morceaux d'oignon dans un robot culinaire ou un mixeur. Grattez dans un bol et incorporez les pignons de pin, les groseilles et le sel. Étalez des quantités égales sur les morceaux d'agneau et fixez-les avec des bâtons à cocktail en bois (cure-dents). Disposer en carré dans un plat creux d'un diamètre de 25cm/10. Répartir sur le yaourt et saupoudrer légèrement de cannelle. Répartissez les champignons au hasard et badigeonnez-les légèrement d'huile. Couvrir d'un film alimentaire (pellicule plastique) et couper en deux pour laisser s'échapper la vapeur. Cuire 16 minutes en retournant la poêle quatre fois. Laissez reposer 5 minutes puis servez.

Brochette d'agneau forgée

Pour 6 personnes

900 g/2 lb de cou d'agneau, paré
12 grandes feuilles de menthe
60 ml/4 cuillères à soupe de yaourt nature épais
60 ml/4 cuillères à soupe de ketchup aux tomates (catsup)
1 gousse d'ail, écrasée

5 ml/1 cuillère à café de sauce Worcestershire
6 miches de pain, tièdes
Feuilles de laitue, tranches de tomates et de concombre

Coupez la viande en cubes de 2,5 cm/1. Enfiler six brochettes en bois en alternant avec des feuilles de menthe. Disposer comme les rayons d'une roue dans un plat de 25 cm/10 de profondeur. Mélangez bien le yaourt, le ketchup, l'ail et la sauce Worcestershire et étalez la moitié du mélange sur les brochettes. Cuire à découvert jusqu'au bout de 8 minutes, en retournant la poêle deux fois. Retournez les brochettes et enduisez-les du reste de la grille. Cuire à feu vif pendant encore 8 minutes en retournant la poêle deux fois. Laisser poser 5 minutes. Faites chauffer brièvement le pain pita sous le gril (gril) jusqu'à ce qu'il soit gonflé, puis coupez-le le long du bord long pour former une poche. Retirez la viande des brochettes et jetez la feuille de laurier. Enveloppez l'agneau dans des pittas, puis ajoutez une généreuse portion de salade à chacun.

Brochette d'agneau classique

Pour 6 personnes

900 g/2 lb de cou d'agneau, paré
12 grandes feuilles de menthe
30 ml/2 cuillères à soupe de beurre ou de margarine
5 ml/1 cuillère à café de sel d'ail
5 ml/1 cuillère à café de sauce Worcestershire
5 ml/1 cuillère à café de sauce soja

2,5 ml/½ cuillère à café de paprika

6 miches de pain, tièdes

Feuilles de laitue, tranches de tomates et de concombre

Coupez la viande en cubes de 2,5 cm/1. Enfiler six brochettes en bois en alternant avec des feuilles de menthe. Disposer comme les rayons d'une roue dans un plat de 25 cm/10 de profondeur. Faire fondre le beurre ou la margarine à feu vif pendant 1 minute, puis ajouter le sel d'ail, la sauce Worcestershire, la sauce soja et le paprika et bien mélanger. Étalez la moitié du mélange sur les brochettes. Cuire à découvert jusqu'au bout de 8 minutes, en retournant la poêle deux fois. Retournez les brochettes et enduisez-les du reste de la grille. Cuire à feu vif pendant encore 8 minutes en retournant la poêle deux fois. Laisser poser 5 minutes. Faites chauffer brièvement le pain pita sous le gril (gril) jusqu'à ce qu'il soit gonflé, puis coupez-le le long du bord long pour former une poche. Retirez la viande des brochettes et jetez la feuille de laurier. Enveloppez l'agneau dans des pittas, puis ajoutez une généreuse portion de salade à chacun.

Agneau du Moyen-Orient aux fruits

Pour 4 à 6 personnes

Ce plat d'agneau délicatement épicé et fruité est d'une élégance discrète, accentuée par un enrobage de pignons de pin grillés et d'amandes effilées. Servir avec du yaourt et du riz.

675 g d'agneau désossé, le plus maigre possible

5 ml/1 cuillère à café de cannelle moulue

2,5 ml/½ cuillère à café de clous de girofle moulus

30 ml/2 cuillères à soupe de cassonade molle

1 oignon, haché

30 ml/2 cuillères à soupe de jus de citron

10 ml/2 cuillères à café de farine de maïs (amidon de maïs)

15 ml/1 cuillère d'eau froide

7,5-10 ml/1½-2 cuillères à café de sel

400 g/14 oz/1 grosse boîte de tranches de pêches au jus naturel ou de pomme, égouttées

30 ml/2 cuillères à soupe de pignons de pin grillés

30 ml/2 cuillères à soupe d'amandes effilées

Coupez l'agneau en petits cubes. Placer dans une cocotte de 1,75 pinte/3 pt/7½ tasse (faitout). Mélangez les épices, le sucre, l'oignon et le jus de citron et ajoutez-les au plat. Couvrir d'une assiette et cuire à feu vif pendant 5 minutes, puis laisser reposer 5 minutes. Répétez trois fois en mélangeant bien à chaque fois. Mélangez la semoule de maïs et l'eau pour obtenir une pâte lisse. Égoutter le liquide de l'agneau et ajouter le mélange de semoule de maïs et le sel. Verser sur l'agneau et bien mélanger. Cuire à découvert jusqu'à la fin pendant 2 minutes. Incorporer les tranches de pêches et cuire à découvert à pleine température pendant encore 1½ minute. Saupoudrer de pignons de pin et d'amandes et servir.

Simili ragoût irlandais

Serveur 4

675 g/1½ lb d'agneau braisé coupé en dés
2 gros oignons, grossièrement râpés
450 g de pommes de terre, coupées en petits dés
300 ml/½ pt/1¼ tasse d'eau bouillante
5 ml/1 cuillère à café de sel
45 ml/3 cuillères à soupe de persil haché

Retirez l'excès de graisse de l'agneau. Disposez la viande et les légumes en une seule couche dans une assiette creuse d'un diamètre de 25 cm/10. Couvrir d'un film alimentaire (pellicule plastique) et couper en deux pour laisser s'échapper la vapeur. Cuire jusqu'au bout de 15 minutes en retournant la poêle deux fois. Mélangez l'eau et le sel et versez sur la viande et les légumes, mélangez bien. Couvrir comme avant et cuire à feu vif pendant 20 minutes en retournant la poêle trois fois. Laisser poser 10 minutes. Avant de servir, découvrir et saupoudrer de persil.

Côtelettes d'agneau de femme de fermier

Serveur 4

3 pommes de terre bouillies froides, tranchées finement

3 carottes bouillies froides, tranchées finement

4 côtelettes d'agneau maigres, 150 g/5 oz chacune

1 petit oignon, râpé

1 pomme bouillante (acidulée), pelée et râpée

30 ml/2 cuillères à soupe de jus de pomme

Sel et poivre noir fraîchement moulu

15 ml/1 cuillère à soupe de beurre ou de margarine

Disposez les tranches de pommes de terre et de carottes en une seule couche au fond d'un plat de 20 cm de profondeur. Disposez les escalopes dessus. Saupoudrer d'oignon et de pomme et verser le jus dessus. Assaisonner au goût et saupoudrer de beurre ou de margarine. Couvrir d'un film alimentaire (pellicule plastique) et couper en deux pour laisser s'échapper la vapeur. Cuire jusqu'au bout de 15 minutes en retournant la poêle deux fois. Laisser reposer 5 minutes avant de servir.

Potée d'agneau

Serveur 4

675 g de pommes de terre, tranchées très finement

2 oignons, tranchés très finement
3 carottes, tranchées très finement
2 grosses branches de céleri, coupées en fines lanières en diagonale
8 côtelettes d'agneau avec le meilleur cou, env. 1 kg/2 lb au total
1 cube de bouillon de boeuf
300 ml/½ pt/1 ¼ tasse d'eau bouillante
5 ml/1 cuillère à café de sel
25 ml/1 ½ cuillère à soupe de beurre fondu ou de margarine

Disposez la moitié des légumes préparés en couches dans une cocotte légèrement graissée de 2,25 pintes/4 pt/10 tasses (faitout). Disposez les escalopes dessus et recouvrez du reste des légumes. Couvrir d'un film alimentaire (pellicule plastique) et couper en deux pour laisser s'échapper la vapeur. Cuire jusqu'à la fin des 15 minutes en retournant la poêle trois fois. Retirer du micro-ondes et découvrir. Émiettez le cube de bouillon dans l'eau et salez. Versez délicatement sur le côté de la casserole. Étalez du beurre ou de la margarine dessus. Couvrir comme avant et cuire à feu vif pendant 15 minutes. Laisser reposer 6 minutes avant de servir.

Pain d'agneau à la menthe et au romarin

Serveur 4

450 g/1 lb/4 tasses d'agneau haché (haché)

1 gousse d'ail, écrasée

2,5 ml/½ cuillère à café de romarin séché et broyé

2,5 ml/½ cuillère à café de menthe séchée

30 ml/2 cuillères à soupe de farine nature (tout usage)

2 gros œufs, battus

2,5 ml/½ cuillère à café de sel

5 ml/1 cuillère à café de sauce de table brune

Noix de muscade râpée

Graisser légèrement un moule à gâteau ovale de 900 ml/1½ pt/3¾ tasse. Mélangez tous les ingrédients sauf la muscade et répartissez uniformément dans le bol. Couvrir d'un film alimentaire (pellicule plastique) et couper en deux pour laisser s'échapper la vapeur. Cuire jusqu'à cuisson complète pendant 8 minutes, en retournant la poêle deux fois. Laisser reposer 4 minutes, puis découvrir et saupoudrer de muscade. Couper en portions.

Ragoût d'agneau aux tomates

Pour 6 personnes

Préparez comme pour un ragoût de poulet aux tomates, mais remplacez l'agneau désossé et grossièrement haché par du poulet.

Lamb Biryani

Pour 4 à 6 personnes

5 gousses de cardamome

30 ml/2 cuillères à soupe d'huile de tournesol

450 g de filet d'agneau tranché, coupé en petits cubes

2 gousses d'ail, écrasées

20 ml/4 cuillères à café de garam masala

225 g/8 oz/1¼ tasse de riz à grains longs légèrement cuit

600 ml/1 pt/2½ tasses de bouillon de poulet chaud

10 ml/2 cuillères à café de sel

125 g/4 oz/1 tasse d'amandes effilées (tranchées), grillées

Fendez les gousses de cardamome pour retirer les graines, puis écrasez les graines avec un pilon et un mortier. Faites chauffer l'huile dans une cocotte de 1,5 pinte/3 pt/7½ tasse (faitout) à feu vif pendant 1½ minute. Ajouter l'agneau, l'ail, les graines de cardamome et le garam masala. Bien mélanger et étaler sur le pourtour du moule en laissant un petit trou au milieu. Couvrir d'un film alimentaire (pellicule plastique) et couper en deux pour laisser s'échapper la vapeur. Cuire à feu vif pendant 10 minutes. Découvrez et incorporez le riz, le bouillon et le sel, couvrez comme avant et laissez cuire à feu vif pendant 15 minutes. Laisser reposer 3 minutes, puis verser sur des assiettes chaudes et parsemer chaque portion d'amandes.

Biryani garni

Pour 4 à 6 personnes

Préparez comme pour le biryani d'agneau, mais disposez le biryani sur une assiette de service chauffée et garnissez d'œufs durs hachés (durs), de tranches de tomates, de feuilles de coriandre (coriandre) et d'oignons hachés frits (sautés).

Moussaka

Pour 6 à 8 personnes

Vous aurez besoin d'un peu de patience pour cuisiner ce classique grec multicouche à base d'agneau, mais les résultats en valent la peine. Les tranches d'aubergine pochées (aubergine) le rendent moins riche et plus facile à digérer que certaines versions.

Pour les couches d'aubergines :

675 g/1½ lb d'aubergine

75 ml/5 cuillères à soupe d'eau chaude

5 ml/1 cuillère à café de sel

15 ml/1 cuillère à soupe de jus de citron frais

Pour les couches de viande :

40 g/1½ oz/3 cuillères à soupe de beurre, de margarine ou d'huile d'olive

2 oignons, finement hachés

1 gousse d'ail, écrasée

350 g/12 oz/3 tasses d'agneau haché (haché) cuit à froid

125 g/4 oz/2 tasses de chapelure blanche fraîche

Sel et poivre noir fraîchement moulu

4 tomates blanchies, pelées et tranchées

Pour la sauce:

425 ml/¾ pt/petit 2 tasses de lait entier

40 g/1½ oz/3 cuillères à soupe de beurre ou de margarine

45 ml/3 cuillères à soupe de farine nature (tout usage)

75 g/3 oz/¾ tasse de fromage cheddar, râpé

1 jaune d'oeuf

Moussaka aux pommes de terre

Pour 6 à 8 personnes

Préparez comme pour la moussaka, mais remplacez les aubergines (aubergines) par des tranches de pommes de terre bouillies.

Moussaka Rapide

Pour 3-4 personnes

Une alternative rapide avec un goût et une texture acceptables.

1 aubergine (aubergine), env. 225 g/8 onces
15 ml/1 cuillère d'eau froide
300 ml/½ pt/1¼ tasse de lait froid
300 ml/½ pt/1¼ tasse d'eau
1 paquet de purée de pommes de terre instantanée pour 4 personnes
225 g/2 tasses d'agneau haché (haché) cuit à froid
5 ml/1 cuillère à café de marjolaine séchée
5 ml/1 cuillère à café de sel
2 gousses d'ail, écrasées
3 tomates blanchies, pelées et tranchées
150 ml/¼ pt/2/3 tasse de yogourt grec épais
1 oeuf
Sel et poivre noir fraîchement moulu
50 g/2 oz/½ tasse de fromage cheddar, râpé

Haut et queue de l'aubergine et coupés en deux dans le sens de la longueur. Placez-les dans un plat peu profond, coupez les côtés du dessus et aspergez-les d'eau froide. Couvrir d'un film alimentaire (pellicule plastique) et couper en deux pour laisser s'échapper la vapeur. Cuire à feu vif pendant 5½ à 6 minutes jusqu'à tendreté. Laisser poser 2 minutes, puis égoutter. Versez le lait et l'eau dans un bol et incorporez les pommes de terre séchées, couvrez d'une assiette et laissez cuire à pleine température pendant 6 minutes. Bien mélanger, puis incorporer l'agneau, la marjolaine, le sel et l'ail, et trancher l'aubergine non pelée. Disposer en alternance les tranches d'aubergines et le mélange de pommes de terre dans un plat allant au four graissé de 2,25 pintes/4 pts/10 tasses (faitout), en utilisant la moitié des tranches de tomates pour former une « garniture à sandwich » au centre. Couvrir avec les tranches de tomates restantes. Battez le yaourt et les œufs et goûtez. Verser sur les tomates et saupoudrer de fromage. Couvrir d'un film alimentaire comme avant. Cuire à feu vif pendant 7 minutes. Avant de servir, découvrir et faire dorer sur un grill chaud (gril).

viande d'agneau

Serveur 4

Préparez comme pour la viande hachée de base, mais remplacez l'agneau haché (haché) par du bœuf haché.

Pâté chinois

Serveur 4

Préparez comme pour la viande hachée de base, mais remplacez l'agneau par du bœuf. Laisser refroidir jusqu'à ce que tiède, puis transférer dans un moule à tarte graissé de 1/1¾ pt/4½ tasse. Garnir de 750 g de purée de pommes de terre chaude crémée avec 15 à 30 ml de beurre ou de margarine et 60 ml de lait chaud. Assaisonnez bien avec du sel et du poivre noir fraîchement moulu. Répartir sur le mélange de viande, puis remuer à la fourchette. Réchauffer à découvert à feu vif pendant 2-3 minutes ou griller sur un gril chaud (grils).

Foie de village au vin rouge

Serveur 4

25 g/1 oz/2 cuillères à soupe de beurre ou de margarine
2 oignons, râpés
450 g de foie d'agneau coupé en fines lanières
15 ml/1 cuillère à soupe de farine nature (tout usage)
300 ml/½ pt/1¼ tasse de vin rouge
15 ml/1 cuillère à soupe de cassonade foncée et molle
1 cube de bouillon de bœuf, émietté
30 ml/2 cuillères à soupe de persil haché
Sel et poivre noir fraîchement moulu
Pommes de terre bouillies badigeonnées de beurre et chou râpé légèrement bouilli, pour servir

Mettez le beurre ou la margarine dans une assiette creuse d'un diamètre de 25 cm/10. Faire fondre à découvert sur la cuisinière pendant 2 minutes. Incorporer l'oignon et le foie, couvrir d'une assiette et cuire à pleine température pendant 5 minutes. Incorporer tous les ingrédients restants sauf le sel et le poivre. Couvrir d'une assiette et cuire à pleine température pendant 6 minutes en remuant deux fois. Laisser poser 3 minutes. Assaisonner au goût et servir avec des pommes de terre bouillies et du chou beurré.

Foie et bacon

Pour 4 à 6 personnes

2 oignons, râpés
8 morceaux de bacon (tranches), hachés grossièrement
450 g de foie d'agneau coupé en petits cubes
45 ml/3 cuillères à soupe de farine de maïs (amidon de maïs)
60 ml/4 cuillères à soupe d'eau froide
150 ml/¼ pt/2/3 tasse d'eau bouillante
Sel et poivre noir fraîchement moulu

Placer l'oignon et le bacon dans une cocotte de 1,75 pinte/3 pt/7½ tasse (faitout). Cuire à découvert à feu vif pendant 7 minutes en remuant deux fois. Incorporer le foie, couvrir d'une assiette et cuire à pleine température pendant 8 minutes en remuant trois fois. Mélangez la semoule de maïs avec de l'eau froide pour obtenir une pâte lisse. Incorporer le foie et l'oignon, puis verser progressivement l'eau bouillante, couvrir d'une assiette et cuire à pleine température pendant 6 minutes en remuant trois fois. Laisser poser 4 minutes. Goûtez et servez.

Foie et bacon à la pomme

Pour 4 à 6 personnes

Préparez comme pour le foie et les lardons, mais remplacez 1 pomme de table (dessert), pelée et râpée, par un oignon. Remplacez la moitié de l'eau bouillante par du jus de pomme à température ambiante.

Rognons au vin rouge avec du cognac

Serveur 4

6 reins paralysés
30 ml/2 cuillères à soupe de beurre ou de margarine
1 oignon, finement haché
30 ml/2 cuillères à soupe de farine nature (tout usage)
150 ml/¼ pt/2/3 tasse de vin rouge sec
2 cubes de boeuf
50 g/2 oz de champignons, tranchés
10 ml/2 cuillères à café de purée de tomates (pâte)
2,5 ml/½ cuillère à café de paprika
2,5 ml/½ cuillère à café de moutarde en poudre
30 ml/2 cuillères à soupe de persil haché
30 ml/2 cuillères à soupe de cognac

Épluchez et coupez les rognons en deux, puis coupez les noyaux et jetez-les avec un couteau bien aiguisé. Trancher très finement. Faire fondre la moitié du beurre, à découvert, dans le dégivreur pendant 1 minute. Incorporer les rognons et réserver. Placer le reste du beurre et l'oignon dans une cocotte de 1,5 pinte/2½ pt/6 tasses. Cuire à découvert à feu vif pendant 2 minutes en remuant une fois. Incorporez la farine, puis le vin. Cuire à découvert à feu vif pendant 3 minutes en remuant rapidement toutes les minutes. Émietter les cubes dans le bouillon, puis incorporer les champignons, la purée de tomates, le paprika, la moutarde et les rognons avec du beurre ou de la margarine. Bien mélanger. Couvrir d'un film alimentaire (pellicule plastique) et couper en deux pour laisser s'échapper la vapeur. Cuire à feu vif pendant 5 minutes en retournant une fois. Laisser reposer 3 minutes, puis découvrir et parsemer de persil. Faites chauffer le cognac dans une tasse à pleine température pendant 10 à 15 secondes. Versez dessus le mélange de rognons et mettez le feu.

Steaks de gibier aux huîtres et fromage bleu

Serveur 4

Sel et poivre noir fraîchement moulu
8 steaks de petit gibier
5 ml/1 cuillère à café de baies de genièvre, écrasées
5 ml/1 cuillère à café d'herbes de Provence
30 ml/2 cuillères à soupe d'huile d'olive
300 ml/½ pt/1¼ tasse de vin rouge sec
60 ml/4 cuillères à soupe de bouillon de bœuf riche
60 ml/4 cuillères à soupe de gin
1 oignon, haché
225 g de pleurotes, parés et tranchés
250 ml/1 tasse de crème liquide (légère)
30 ml/2 cuillères à soupe de gelée de groseilles (conserve claire)
60 ml/4 cuillères à soupe de fromage bleu émietté
30 ml/2 cuillères à soupe de persil haché

Assaisonnez le gibier selon votre goût, puis incorporez les baies de genièvre et les herbes de Provence. Faites chauffer l'huile dans une poêle à feu vif pendant 2 minutes. Ajouter les steaks et cuire à découvert pendant 3 minutes en les retournant une fois. Ajouter le vin, le bouillon, le gin, l'oignon, les champignons, la crème et la gelée de groseilles. Couvrir d'un film alimentaire (pellicule plastique) et couper en deux pour laisser s'échapper la vapeur. Cuire à feu moyen pendant 25 minutes en retournant la poêle quatre fois. Incorporer le fromage, couvrir d'une assiette résistante à la chaleur et cuire à feu vif pendant 2 minutes. Laisser reposer 3 minutes, puis ouvrir et servir garni de persil.

.

Préparation de petites pâtes

Suivez les instructions pour cuire de grosses pâtes, mais ne faites cuire que 4 à 5 minutes. Couvrir et laisser reposer 3 minutes, puis égoutter et servir.

Salade chinoise de nouilles et champignons aux noix

Pour 6 personnes

30 ml/2 cuillères à soupe d'huile de sésame
175 g/6 oz de champignons, tranchés
250 g de nouilles aux œufs
7,5 ml/1½ cuillère à café de sel
75 g/3 oz/¾ tasse de noix hachées
5 oignons nouveaux (oignons verts), hachés
30 ml/2 cuillères à soupe de sauce soja

Faites chauffer l'huile à découvert pendant la décongélation pendant 2½ minutes. Ajoutez les champignons. Couvrir d'une assiette et cuire à pleine température pendant 3 minutes en remuant deux fois. Mettre de côté. Placez les nouilles dans un grand bol et ajoutez suffisamment d'eau bouillante pour arriver 5 cm/2 au-dessus du niveau des pâtes. Ajoutez du sel et faites cuire à découvert pendant 4 à 5 minutes jusqu'à ce que les nouilles gonflent et ramollissent. Égoutter et laisser refroidir. Incorporer le reste des ingrédients, y compris les champignons, et bien mélanger.

Macaroni au poivre

Serveur 2

300 ml/½ pt/1¼ tasse de jus de tomate
125 g/4 oz/1 tasse de macaroni en coude
5 ml/1 cuillère à café de sel
30 ml/2 cuillères à soupe de vin blanc chauffé
1 petit poivron rouge ou vert épépiné et haché
45 ml/3 cuillères à soupe d'huile d'olive
75 g/3 oz/¾ tasse de fromage Gruyère (Suisse) ou Emmental, râpé
30 ml/2 cuillères à soupe de persil haché

Versez le jus de tomate dans un récipient de 1,25 litre/2¼ pt/5½ tasse. Couvrir d'une assiette et chauffer à puissance élevée pendant 3½ à 4 minutes, jusqu'à ce qu'il soit très chaud et bouillonnant. Incorporer tous les ingrédients restants sauf le fromage et le persil. Couvrir comme avant et cuire à feu vif pendant 10 minutes en remuant deux fois. Laisser poser 5 minutes. Saupoudrer de fromage et de persil. Chauffer à découvert à pleine puissance pendant env. 1 minute jusqu'à ce que le fromage fonde.

Macaroni au fromage familial

Pour 6-7 personnes

Pour plus de commodité, cette recette est destinée à un grand repas familial, mais vous pouvez réchauffer les restes au micro-ondes.

350 g/12 oz/3 tasses de macaronis coudés
10 ml/2 cuillères à café de sel
30 ml/2 cuillères à soupe de farine de maïs (amidon de maïs)
600 ml/1 pt/2½ tasses de lait froid
1 œuf battu
10 ml/2 cuillères à café de moutarde préparée
Poivre noir fraichement moulu
275 g/10 oz/2½ tasses de fromage cheddar, râpé

Placez les macaronis dans un bol profond. Ajoutez du sel et mélangez avec suffisamment d'eau bouillante pour atteindre 5 cm/2 au-dessus du niveau des pâtes. Cuire à découvert à pleine température pendant env. 10 minutes jusqu'à ce qu'il soit tendre, remuez trois fois. Égoutter si nécessaire. puis partez pendant que la sauce se prépare. Dans un grand bol séparé, mélangez uniformément la farine de maïs avec un peu de lait froid, puis incorporez le reste. Cuire à découvert à pleine température pendant 6 à 7 minutes jusqu'à ce qu'elle épaississe uniformément, en remuant toutes les minutes. Incorporer l'œuf, la moutarde et le poivre, puis les deux tiers du fromage et tous les macaronis. Bien mélanger avec une fourchette. Répartir uniformément dans un moule graissé de 30 cm/12 po de diamètre. Saupoudrer le reste du fromage dessus. Réchauffer à découvert à feu vif pendant 4 à 5 minutes. Si vous le souhaitez, faites-les frire rapidement sur un gril chaud avant de servir.

Macaroni au fromage classique

Pour 4 à 5 personnes

Cette version est légèrement plus riche que le Family Macaroni Cheese et est sujette à de nombreuses variations.

225 g/2 tasses de macaronis en coude

7,5 ml/1½ cuillère à café de sel

30 ml/2 cuillères à soupe de beurre ou de margarine

30 ml/2 cuillères à soupe de farine nature (tout usage)

300 ml/½ pt/1¼ tasse de lait

225 g/2 tasses de fromage cheddar, râpé
5 à 10 ml/1 à 2 cuillères à café de moutarde préparée
Sel et poivre noir fraîchement moulu

Placez les macaronis dans un bol profond. Ajoutez du sel et mélangez avec suffisamment d'eau bouillante pour atteindre 5 cm/2 au-dessus du niveau des pâtes. Cuire à découvert à feu vif pendant 8 à 10 minutes jusqu'à tendreté, en remuant deux ou trois fois. Placer au micro-ondes pendant 3-4 minutes. Égoutter si nécessaire. puis partez pendant que la sauce se prépare. Faire fondre le beurre ou la margarine à découvert tout en décongelant pendant 1 à 1½ minutes. Incorporer la farine, puis incorporer progressivement le lait, cuire à découvert pendant 6 à 7 minutes jusqu'à ce qu'il épaississe, en remuant toutes les minutes. Incorporer les deux tiers du fromage, puis la moutarde et les assaisonnements, puis les macaronis. Répartir uniformément dans un plat de 20 cm/8 de diamètre. Saupoudrer du reste du fromage. Réchauffer à découvert à feu vif pendant 3 à 4 minutes. Si vous le souhaitez, faites-les frire rapidement sur un gril chaud avant de servir.

Macaroni au fromage au stilton

Pour 4 à 5 personnes

Préparez comme pour un macaroni au fromage classique, mais remplacez la moitié du fromage cheddar par 100 g de Stilton émietté.

Macaroni au fromage et bacon

Pour 4 à 5 personnes

Préparez comme pour les macaronis au fromage classiques, mais mélangez-y 6 tranches (tranches) de bacon avec des lanières, grillées (frites) jusqu'à ce qu'elles soient croustillantes, puis émiettées, avec de la moutarde et des assaisonnements.

Macaroni au fromage et aux tomates

Pour 4 à 5 personnes

Préparez comme pour un macaroni au fromage classique, mais ajoutez une couche de tranches de tomates d'env. 3 pelatas sur les pâtes avant de saupoudrer du reste de fromage.

Spaghetti carbonara

Serveur 4

75 ml/5 cuillères à soupe de crème double (épaisse)
2 gros œufs
100 g/4 oz/1 tasse de jambon de Parme, émincé
175 g/6 oz/1½ tasse de parmesan râpé
350 g de spaghettis ou autres grosses pâtes

Battez la crème et les œufs. Incorporer le jambon et 90 ml/6 cuillères à soupe de parmesan. Cuire les spaghettis selon les instructions. Égoutter et déposer dans un plat de service. Ajoutez le mélange de crème et pliez le tout avec deux fourchettes ou cuillères en bois. Couvrir de papier absorbant et faire chauffer pendant 1½ minute. Servir chaque portion garnie du reste du parmesan.

Macaroni au fromage façon pizza

Pour 4 à 5 personnes

225 g/2 tasses de macaronis en coude
7,5 ml/1½ cuillère à café de sel
30 ml/2 cuillères à soupe de beurre ou de margarine
30 ml/2 cuillères à soupe de farine nature (tout usage)
300 ml/½ pt/1¼ tasse de lait

125 g/4 oz/1 tasse de fromage cheddar, râpé
125 g/4 oz/1 tasse de fromage mozzarella, râpé
5 à 10 ml/1 à 2 cuillères à café de moutarde préparée
Sel et poivre noir fraîchement moulu
212 g/7 oz/1 petite boîte de thon à l'huile, égoutté et réservé dans l'huile
12 olives noires dénoyautées, tranchées
1 boîte de piment, tranché
2 tomates blanchies, pelées et hachées finement
5 à 10 ml/1 à 2 cuillères à café de pesto rouge ou vert (facultatif)
Feuilles de basilic, pour la garniture

Placez les macaronis dans un bol profond. Ajoutez du sel et mélangez avec suffisamment d'eau bouillante pour atteindre 5 cm/2 au-dessus du niveau des pâtes. Cuire à découvert à feu vif pendant 8 à 10 minutes jusqu'à tendreté, en remuant deux ou trois fois. Placer au micro-ondes pendant 3-4 minutes. Égoutter si nécessaire. puis partez pendant que la sauce se prépare. Faire fondre le beurre ou la margarine à découvert tout en décongelant pendant 1 à 1½ minutes. Incorporer la farine, puis incorporer progressivement le lait, cuire à découvert pendant 6 à 7 minutes jusqu'à ce qu'il épaississe, en remuant toutes les minutes. Incorporer les deux tiers de chaque fromage, puis la moutarde et les assaisonnements. Incorporer les macaronis, le thon, 15 ml/1 cuillère à soupe d'huile de thon, les olives, le piment, les tomates et le pesto, le cas échéant. Répartir uniformément dans un plat de 20 cm/8 de diamètre. Saupoudrer du reste des fromages. Réchauffer à découvert à feu vif pendant 3 à 4 minutes. Si tu veux

Crème de spaghetti aux oignons nouveaux

Serveur 4

150 ml/¼ pt/2/3 tasse de crème double (épaisse)
1 jaune d'oeuf
150 g/5 oz/1¼ tasse de parmesan râpé
8 oignons nouveaux (oignons verts), finement hachés
Sel et poivre noir fraîchement moulu
350 g de spaghettis ou autres grosses pâtes

Battez la crème sure, les jaunes d'œufs, 45 ml/3 cuillères à soupe de parmesan et les oignons nouveaux. Bien assaisonner au goût. Faites cuire les spaghettis selon les instructions. Égoutter et déposer dans un plat de service. Ajoutez le mélange de crème et pliez le tout avec deux fourchettes ou cuillères en bois. Couvrir de papier absorbant et faire chauffer pendant 1½ minute. Proposez le reste du parmesan à part.

Spaghetti bolognaise

Pour 4 à 6 personnes

450 g/1 lb/4 tasses de bœuf haché maigre
1 gousse d'ail, écrasée
1 gros oignon, râpé

1 poivron vert avec les graines et finement haché
5 ml/1 cuillère à café d'assaisonnement italien ou de mélange d'herbes sèches
400 g/14 oz/1 grande boîte de tomates hachées
45 ml/3 cuillères à soupe de purée de tomates (pâte)
1 cube de bouillon de boeuf
75 ml/5 cuillères à soupe de vin rouge ou d'eau
15 ml/1 cuillère à soupe de cassonade foncée et molle
5 ml/1 cuillère à café de sel
Poivre noir fraîchement moulu
350 g de spaghettis ou autres pâtes fraîchement cuits et égouttés
Fromage parmesan râpé

Mélanger le bœuf avec l'ail dans une casserole de 1,75 pinte/3 pt/7½ tasse. Cuire à découvert jusqu'au bout de 5 minutes. Incorporer tous les ingrédients restants sauf le sel, le poivre et les spaghettis. Couvrir d'une assiette et cuire à feu vif pendant 15 minutes en remuant quatre fois avec une fourchette pour briser la viande. Laisser poser 4 minutes. Assaisonner de sel et de poivre et servir avec des spaghettis. Offrez le parmesan séparément.

Spaghetti à la sauce bolognaise à la dinde

Serveur 4

Préparez comme pour les Spaghetti Bolognese, mais remplacez le bœuf par de la dinde hachée (hachée).

Spaghetti à la sauce ragoût

Serveur 4

Une sauce traditionnelle et économique, utilisée pour la première fois en Angleterre dans les trattorias de Soho peu après la Seconde Guerre mondiale.

20 ml/4 cuillères à café d'huile d'olive

1 gros oignon, finement haché

1 gousse d'ail, écrasée

1 petite carotte, râpée

250 g/8 oz/2 tasses de bœuf haché maigre (haché)

10 ml/2 cuillères à café de farine nature (tout usage)

15 ml/1 cuillère à soupe de purée de tomates (pâte)

300 ml/½ pt/1¼ tasse de bouillon de bœuf

45 ml/3 cuillères à soupe de vin blanc sec

1,5 ml/¼ cuillère à café de basilic séché

1 petite feuille de laurier

175 g de champignons, hachés grossièrement

Sel et poivre noir fraîchement moulu

350 g de spaghettis ou autres pâtes fraîchement cuits et égouttés

Fromage parmesan râpé

Placez l'huile, l'oignon, l'ail et la carotte dans une casserole de 1,75 pinte/3 pt/7½ tasse. Réchauffer, à découvert, à feu vif pendant 6 minutes. Ajouter tous les ingrédients restants sauf le sel, le poivre et les spaghettis. Couvrir d'une assiette et cuire à feu vif pendant 11 minutes en remuant trois fois. Laisser poser 4 minutes. Assaisonner de sel et de poivre, retirer la feuille de laurier et servir avec des spaghettis. Offrez le parmesan séparément.

Spaghettis au beurre

Serveur 4

350 g de pâtes
60 ml/4 cuillères à soupe de beurre ou d'huile d'olive
Fromage parmesan râpé

Faites cuire les pâtes selon les instructions. Égoutter et placer dans un grand bol avec du beurre ou de l'huile d'olive. Mélanger avec deux cuillères jusqu'à ce que les pâtes soient bien enrobées. Versez-les sur quatre assiettes chaudes et mettez du parmesan râpé sur chacune.

Pâtes à l'ail

Serveur 4

350 g de pâtes

2 gousses d'ail, écrasées

50 g de beurre

10 ml/2 cuillères à café d'huile d'olive

30 ml/2 cuillères à soupe de persil haché

Fromage parmesan râpé

Feuilles de roquette ou de radicchio, hachées

Faites cuire les pâtes selon les instructions. Faites chauffer l'ail, le beurre et l'huile à feu vif pendant 1 minute et demie. Incorporez le persil, égouttez les pâtes et placez-les dans un bol. Ajoutez le mélange d'ail et mélangez le tout avec deux cuillères en bois. Servir immédiatement saupoudré de parmesan et garni de feuilles de roquette ou de radicchio râpées.

Spaghetti au bœuf et légumes variés sauce bolognaise

Serveur 4

30 ml/2 cuillères à soupe d'huile d'olive
1 gros oignon, finement haché
2 gousses d'ail, écrasées
4 morceaux (tranches) de bacon rayé, haché
1 branche de céleri, hachée
1 carotte, râpée
125 g/4 oz de champignons, tranchés finement
225 g/2 tasses de bœuf haché maigre
30 ml/2 cuillères à soupe de farine nature (tout usage)
1 verre de vin rouge sec
150 ml/¼ pt/2/3 tasse de passata (tomates tamisées)
60 ml/4 cuillères à soupe de bouillon de bœuf
2 grosses tomates blanchies, pelées et hachées
15 ml/1 cuillère à soupe de cassonade foncée et molle
1,5 ml/¼ cuillère à café de muscade râpée
15 ml/1 cuillère à soupe de feuilles de basilic hachées
Sel et poivre noir fraîchement moulu
350 g de spaghettis fraîchement cuits et égouttés
Fromage parmesan râpé

Placez l'huile, l'oignon, l'ail, le bacon, le céleri et la carotte dans une casserole de 2 pintes/3½ pt/8½ tasses. Ajouter les champignons et la viande. Cuire à découvert à puissance maximale pendant 6 minutes, en remuant deux fois avec une fourchette pour briser la viande. Incorporer tous les ingrédients restants sauf le sel, le poivre et les spaghettis. Couvrir d'une assiette et cuire à pleine température pendant 13 à 15 minutes en remuant trois fois. Laisser poser 4 minutes. Assaisonner de sel et de poivre et servir avec des pâtes. Offrez le parmesan séparément.

Spaghetti à la sauce à la viande et à la crème

Serveur 4

Préparez comme pour les spaghettis au bœuf et à la sauce bolognaise de légumes variés, mais à la fin incorporez 30-45 ml/2-3 cuillères à soupe de crème double (épaisse).

Spaghetti à la viande sauce marsala

Serveur 4

Préparez comme pour les spaghettis au bœuf et à la sauce bolognaise de légumes variés, mais remplacez le vin par du Marsala et ajoutez 45 ml/3 cuillères à soupe de Marscapone à la fin.

Pâtes à la marinara

Serveur 4

Cela signifie « style marin » et vient de Naples.
30 ml/2 cuillères à soupe d'huile d'olive
3-4 gousses d'ail écrasées
8 grosses tomates blanchies, pelées et hachées
5 ml/1 cuillère à café de menthe finement hachée
15 ml/1 cuillère à soupe de feuilles de basilic finement hachées
Sel et poivre noir fraîchement moulu
350 g de pâtes fraîchement cuites et égouttées
Pecorino ou parmesan râpé pour servir

Placez tous les ingrédients sauf les pâtes dans une casserole de 1,25 pinte/2¼ pt/5½ tasse. Couvrir d'une assiette et cuire à pleine température pendant 6 à 7 minutes en remuant trois fois. Servir avec des pâtes et proposer du pecorino ou du parmesan séparément.

Pâtes matriciennes

Serveur 4

Une sauce pour pâtes rustique de la région centrale des Abruzzes en Italie.

30 ml/2 cuillères à soupe d'huile d'olive
1 oignon, haché
5 tranches (tranches) de bacon non fumé, hachées grossièrement
8 tomates blanchies, pelées et hachées
2-3 gousses d'ail écrasées
350 g de pâtes fraîchement cuites et égouttées
Pecorino ou parmesan râpé pour servir

Placez tous les ingrédients sauf les pâtes dans une casserole de 1,25 pinte/2¼ pt/5½ tasse. Couvrir d'une assiette et cuire à pleine température pendant 6 minutes en remuant deux fois. Servir avec des pâtes et proposer du pecorino ou du parmesan séparément.

Pâtes au thon et câpres

Serveur 4

15 ml/1 cuillère à soupe de beurre
200g/7oz/1 petite boîte de thon à l'huile
60 ml/4 cuillères à soupe de bouillon de légumes ou de vin blanc
15 ml/1 cuillère à soupe de câpres, hachées
30 ml/2 cuillères à soupe de persil haché
350 g de pâtes fraîchement cuites et égouttées
Fromage parmesan râpé

Placer le beurre dans un bol de 600 ml/1 pt/2½ tasse et faire fondre à découvert pendant 1½ minute. Ajoutez le contenu de la boîte de thon et faites revenir le poisson. Incorporer le bouillon ou le vin, les câpres et le persil. Couvrir d'une assiette et chauffer à pleine température pendant 3-4 minutes. Servir avec des pâtes et proposer le parmesan à part.

Pâtes Napoletana

Serveur 4

Cette sauce tomate napolitaine ornée, au goût chaleureux et coloré, est mieux préparée en été, lorsque les tomates sont abondantes.

8 grosses tomates mûres, blanchies, pelées et hachées finement
30 ml/2 cuillères à soupe d'huile d'olive
1 oignon, haché
2-4 gousses d'ail, écrasées
1 feuille de céleri, hachée finement
15 ml/1 cuillère à soupe de feuilles de basilic hachées
10 ml/2 cuillères à café de cassonade molle
60 ml/4 cuillères à soupe d'eau ou de vin rouge
Sel et poivre noir fraîchement moulu
30 ml/2 cuillères à soupe de persil haché
350 g de pâtes fraîchement cuites et égouttées
Fromage parmesan râpé

Placez les tomates, l'huile, l'oignon, l'ail, le céleri, le basilic, le sucre et l'eau ou le vin dans une casserole de 1,25 litre/2¼ pt/5½ tasse. Bien mélanger. Couvrir d'une assiette et cuire à pleine température pendant 7 minutes en remuant deux fois. Assaisonner selon votre goût, puis incorporer le persil. Servir immédiatement avec les pâtes et proposer le parmesan à part.

Pâtes Pizzaiola

Serveur 4

Préparez comme pour les pâtes Napoletana, mais augmentez le nombre de tomates à 10, omettez l'oignon, le céleri et l'eau et utilisez le double de persil. Ajoutez 15 ml/1 cuillère à soupe d'origan frais ou 2,5 ml/½ cuillère à café d'origan séché avec du persil.

Pâtes aux petits pois

Serveur 4

Préparez comme pour les pâtes Napoletana, mais ajoutez 125 g/4 oz/1 tasse de jambon grossièrement haché et 175 g/6 oz/1½ tasse de petits pois frais aux tomates avec les autres ingrédients. Cuire 9 à 10 minutes.

Pâtes à la sauce au foie de poulet

Serveur 4

225 g de foies de poulet
30 ml/2 cuillères à soupe de farine nature (tout usage)
15 ml/1 cuillère à soupe de beurre
15 ml/1 cuillère à soupe d'huile d'olive
1-2 gousses d'ail, écrasées

125 g/4 oz de champignons, tranchés
150 ml/¼ pt/2/3 tasse d'eau tiède
150 ml/¼ pt/2/3 tasse de vin rouge sec
Sel et poivre noir fraîchement moulu
350 g de pâtes fraîchement cuites et égouttées

Pâtes aux anchois

Serveur 4

30 ml/2 cuillères à soupe d'huile d'olive
15 ml/1 cuillère à soupe de beurre
2 gousses d'ail, écrasées
50g/2oz/1 petite boîte de filets d'anchois à l'huile
45 ml/3 cuillères à soupe de persil haché
2,5 ml/½ cuillère à café de basilic séché
Poivre noir fraichement moulu
350 g de pâtes fraîchement cuites et égouttées

Mettez l'huile, le beurre et l'ail dans une casserole de 600 ml/1 pt/2½ tasse. Hachez les anchois et ajoutez l'huile en conserve. Incorporer le persil, le basilic et le poivre au goût. Couvrir d'une assiette et cuire à feu vif pendant 3-3½ minutes. Servir aussitôt avec les pâtes.

Raviolis à la sauce

Serveur 4

350g/12oz/3 tasses de raviolis

Cuire comme pour de grosses pâtes, puis servir avec l'une des sauces pour pâtes à base de tomates ci-dessus.

Tortellinis

Serveur 4

Prévoyez env. 250 g de tortellinis du commerce et cuire comme pour de grosses pâtes fraîches ou séchées. Bien égoutter, ajouter 25 g/1 oz/2 cuillères à soupe de beurre non salé (sucré) et bien mélanger. Servir chaque portion saupoudrée de parmesan râpé.

Lasagne

Pour 4 à 6 personnes

45 ml/3 cuillères à soupe d'eau tiède
Sauce bolognaise pour spaghettis
9 à 10 assiettes de lasagnes nature, vertes (verdi) ou brunes (à grains entiers) non cuites
Sauce au fromage
25 g/1 oz/¼ tasse de parmesan râpé
30 ml/2 cuillères à soupe de beurre
Noix de muscade râpée

Huiler ou beurrer dans un plat carré de 20 cm/8. Ajoutez l'eau chaude à la sauce bolognaise. Déposez une couche de feuilles de lasagne au fond du bol, puis une couche de sauce bolognaise, puis une couche de sauce au fromage. Continuer par couches, terminer par la sauce au fromage. Saupoudrer de parmesan, arroser de beurre et saupoudrer de muscade. Cuire à découvert pendant 15 minutes en retournant la poêle deux fois. Laisser reposer 5 minutes, puis poursuivre la cuisson encore 15 minutes, ou jusqu'à ce que les lasagnes soient tendres lorsqu'un couteau est inséré au centre. (Le temps de cuisson varie en fonction de la température de départ des deux sauces.)

Pizza Napoletana

Faites 4

Le micro-ondes fait un excellent travail sur des pizzas qui rappellent celles que l'on peut trouver partout en Italie, et notamment à Naples.

30 ml/2 cuillères à soupe d'huile d'olive
2 oignons pelés et finement hachés
1 gousse d'ail, écrasée
150 g/5 oz/2/3 tasse de purée de tomates (pâtes)
Pâte de base pour pain blanc ou brun
350 g/12 oz/3 tasses de fromage Mozzarella, râpé
10 ml/2 cuillères à café d'origan séché
50g/2oz/1 petite boîte de filets d'anchois à l'huile

Cuire l'huile, l'oignon et l'ail, à découvert, à feu vif pendant 5 minutes en remuant deux fois. Incorporer la purée de tomates et réserver. Divisez la pâte également en quatre parties. Rouler chacun en un cercle suffisamment grand pour recouvrir une assiette plate de 20 cm/8 huilée et farinée. Couvrir de papier absorbant et laisser reposer 30 minutes. Tartinez chacun avec le mélange de tomates. Mélangez le fromage avec l'origan et saupoudrez uniformément sur chaque pizza. Garnir d'anchois. Cuire au four individuellement, recouvert de papier absorbant, à pleine température pendant 5 minutes en retournant deux fois. Mange maintenant.

Pizza Margarita

Faites 4

Préparez comme pour la Pizza Napoletana, mais remplacez le basilic séché par de l'origan et omettez les anchois.

Pizza aux fruits de mer

Faites 4

Préparez comme pour la Pizza Napoletana. Une fois cuit, garnissez-le de gambas (crevettes), de moules, de palourdes, etc.

Pizza Sicilienne

Faites 4

Préparez comme pour la Pizza Napoletana. Une fois cuits, piquez 18 petites olives noires entre les anchois.

Pizza aux champignons

Faites 4

Préparez comme pour une pizza Napoletana, mais saupoudrez 100 g de champignons émincés sur le mélange de tomates avant d'ajouter le fromage et les herbes. Cuire encore 30 secondes.

Pizza au jambon et à l'ananas

Faites 4

Préparez comme pour une pizza Napoletana, mais saupoudrez 125 g de jambon haché sur le mélange de tomates avant d'ajouter le fromage et les herbes. Hachez 2 boîtes de rondelles d'ananas et étalez-les sur le dessus de la pizza. Cuire encore 45 secondes.

Pizza au pepperoni

Faites 4

Préparez comme pour la Pizza Napoletana, mais garnissez chaque pizza de 6 fines tranches de saucisse pepperoni.

Amandes effilées au beurre

Une merveilleuse garniture pour les plats sucrés et salés.

15 ml/1 cuillère à soupe de beurre non salé (doux)
50 g/2 oz/½ tasse d'amandes effilées
Sel nature ou aromatisé ou sucre cristallisé (superfin).

Placer le beurre dans un plat peu profond de 20 cm de diamètre. Faire fondre à découvert à feu vif pendant 45 à 60 secondes. Ajouter les amandes et cuire à découvert pendant 5 à 6 minutes jusqu'à ce qu'elles soient dorées, en remuant et en retournant toutes les minutes. Saupoudrez de sel pour des plats salés de qualité, de sucre cristallisé pour des plats sucrés.

Amandes effilées au beurre à l'ail

Préparez comme pour les amandes effilées beurrées, mais utilisez du beurre à l'ail du commerce. Cela constitue une garniture intelligente pour des plats comme la purée de pommes de terre et peut également être ajoutée aux soupes crémeuses.

Châtaignes séchées

Le four à micro-ondes permet de cuire et d'utiliser les châtaignes séchées en moins de 2 heures sans trempage pendant une nuit suivi d'une longue cuisson. De plus, le dur travail d'exfoliation est déjà fait pour vous.

Lavez 250 g/8 oz/2 tasses de châtaignes séchées. Verser dans un récipient de 1,75 litre/3 pt/7½ tasse. Incorporer 600 ml d'eau bouillante, couvrir d'une assiette et cuire à feu vif pendant 15 minutes en retournant la casserole trois fois. Placer au micro-ondes pendant 15 minutes. Répéter avec les mêmes temps de cuisson et de repos. Découvrez, ajoutez encore 150 ml/¼ pt/⅔ tasse d'eau bouillante et remuez. Couvrir comme avant et cuire à feu vif pendant 10 minutes en remuant deux fois. Laisser agir 15 minutes avant utilisation.

Sécher les herbes

Si vous cultivez vos propres herbes mais que vous avez du mal à les sécher dans un climat humide et imprévisible, un four à micro-ondes fera le travail à votre place de manière efficace, efficiente et propre dans les plus brefs délais, afin que vous puissiez profiter de votre récolte annuelle tout au long de l'hiver. mois . Chaque variété d'herbes doit être séchée seule pour conserver son arôme intact. Si vous le souhaitez plus tard, vous pouvez réaliser vos propres concoctions en mélangeant quelques herbes séchées.

Commencez par couper les herbes des buissons avec des cisailles ou des cisailles. Retirez les feuilles (les aiguilles dans le cas du romarin) des tiges et emballez-les sans serrer dans un pichet doseur de 300 ml/½ pt/1¼ tasse, en le remplissant presque jusqu'au sommet. Versez-les dans une passoire (passoire) et rincez rapidement et soigneusement sous l'eau froide courante. Bien égoutter, puis sécher entre les plis sur un torchon propre et sec (torchon). Garnir de papier essuie-tout double épaisseur placé directement sur le plateau tournant du micro-ondes. Chauffer, à découvert, à feu vif pendant 5 à 6 minutes, en déplaçant doucement les herbes autour du papier deux ou trois fois. Dès qu'elles ressemblent à des feuilles d'automne bruissantes et perdent leur couleur vert vif, vous pouvez supposer que les herbes sont sèches. Sinon, continuez à chauffer pendant 1 à 1½ minutes. Retirer du four et laisser refroidir. Écrasez les herbes séchées en les frottant entre vos mains. Transférer dans des bocaux hermétiques avec couvercles et étiquettes. Tenir à l'écart de la lumière forte.

Chapelure croustillante

La chapelure pâle de haute qualité - contrairement aux sachets jaune souci - cuit parfaitement au micro-ondes et devient croustillante et croustillante sans brunir. Le pain peut être frais ou vieux, mais il faut un peu plus de temps pour sécher frais. Émietter 3½ grosses tranches de pain blanc ou brun croustillant en miettes fines. Répartir la chapelure dans un plat peu profond d'un diamètre de 25 cm/10. Cuire à découvert à pleine température pendant 5 à 6 minutes, en remuant quatre fois, jusqu'à ce que vous sentiez la chapelure sèche et croustillante avec vos doigts. Laisser refroidir en remuant de temps en temps, puis conserver dans un récipient hermétique. Il se conserve quasiment indéfiniment dans un endroit frais.

Burgers aux noix

Faire 12

Ce n'est en aucun cas nouveau, surtout pour les végétariens et les végétaliens, mais la combinaison de noix donne à ces galettes une saveur unique et la texture croquante est tout aussi attrayante. Ils peuvent être servis chauds avec de la sauce, froids avec de la salade et de la mayonnaise, coupés en deux horizontalement et utilisés comme garniture pour des sandwichs ou comme collation.

30 ml/2 cuillères à soupe de beurre ou de margarine
125 g/4 oz/1 tasse d'amandes entières non décortiquées
125 g/4 oz/1 tasse de morceaux de noix de pécan
125 g/4 oz/1 tasse de noix de cajou, grillées
125 g/4 oz/2 tasses de chapelure brune douce et fraîche
1 oignon moyen, râpé
2,5 ml/½ cuillère à café de sel
5 ml/1 cuillère à café de moutarde préparée
30 ml/2 cuillères à soupe de lait froid

Faire fondre le beurre ou la margarine à découvert pendant 1 à 1½ minutes. Broyez très finement les noix dans un mixeur ou un robot culinaire. Verser et mélanger avec le reste des ingrédients, notamment le beurre ou la margarine. Divisez en 12 parties égales et façonnez des ovales. Étaler sur le pourtour d'une grande plaque à pâtisserie graissée. Cuire à découvert à feu vif pendant 4 minutes, en retournant une fois. Laisser poser 2 minutes.

Gâteau aux noix

Pour 6 à 8 personnes

Préparez comme pour les galettes de noix, mais remplacez 350 g/12 oz/3 tasses de mélanges de noix moulues de votre choix par des amandes, des noix de pécan et des noix de cajou. Formez un rond de 20 cm/8 et placez-le sur une assiette graissée. Cuire à découvert jusqu'à la fin pendant 3 minutes. Laissez reposer 5 minutes, puis laissez cuire à feu vif pendant encore 2 minutes et demi. Laisser poser 2 minutes. Servir chaud ou froid, coupé en cubes.

Sarrasin

Serveur 4

Également connu sous le nom de maïs sarrasin et originaire de Russie, le sarrasin n'est apparenté à aucune autre céréale. C'est le petit fruit d'une plante à fleurs roses odorantes qui fait partie de la famille des portos. Base des blinis (ou crêpes russes), les céréales sont un aliment de base copieux et terreux et un substitut sain aux pommes de terre, aux côtés de la viande et de la volaille.

175 g/6 oz/1 tasse de sarrasin
1 œuf battu
5 ml/1 cuillère à café de sel
750 ml/1¼ points/3 tasses d'eau bouillante

Mélanger le sarrasin et les œufs dans un bol de 2 pintes/3½ pt/8½ tasses. Cuire au four, à découvert, à feu vif pendant 4 minutes, en remuant et en cassant avec une fourchette toutes les minutes. Ajoutez du sel et de l'eau. Placer sur une assiette au micro-ondes en cas de déversement et cuire à découvert pendant 22 minutes complètes, en remuant quatre fois. Couvrir d'une assiette et laisser reposer 4 minutes. Remuer avec une fourchette avant de servir.

bulgare

Pour 6 à 8 personnes

Également appelée burghal, burghul ou blé concassé, cette céréale est l'un des aliments de base au Moyen-Orient. Il est désormais largement disponible dans les supermarchés et les magasins de produits naturels.

225 g/8 oz/1¼ tasse de boulgar
600 ml/1 pt/2½ tasses d'eau bouillante
5 à 7,5 ml/1 à 1½ cuillère à café de sel

Placez le bulgar dans un récipient de 1,75 pinte/3 pt/7½ tasse. Faire griller, à découvert, à feu vif pendant 3 minutes, en remuant toutes les minutes. Incorporer l'eau bouillante et le sel, couvrir d'une assiette et laisser reposer 6 à 15 minutes, selon le type de boulgar, jusqu'à ce que le grain devienne al dente, comme des pâtes. Piquez avec une fourchette et dégustez chaud ou froid.

Bulgar aux oignons frits

Serveur 4

1 oignon, râpé
15 ml/1 cuillère d'olive ou de tournesol
1 quantité de bulgare

Mettez l'oignon et l'huile dans un petit bol. Cuire à découvert à feu vif pendant 4 minutes en remuant trois fois. En même temps, ajoutez le boulgar cuit, l'eau et le sel.

taboule

Serveur 4

De couleur vert foncé avec du persil, ce plat évoque le Liban et est l'une des salades les plus appétissantes que l'on puisse imaginer, un accompagnement parfait à de nombreux plats allant des escalopes végétariennes aux noix à l'agneau rôti. Il constitue également un apéritif attrayant, disposé sur de la laitue dans des assiettes individuelles.

1 quantité de bulgare
120-150 ml/½-2/3 tasses de persil plat, finement haché
30 ml/2 cuillères à soupe de feuilles de menthe hachées
1 oignon moyen, finement râpé
15 ml/1 cuillère à soupe d'huile d'olive
Sel et poivre noir fraîchement moulu
Feuilles de laitue
Tomates en dés, concombre et olives noires en dés pour la garniture

Faites cuire le bulgar selon les instructions. Transférer la moitié de la quantité dans un bol et mélanger le persil, la menthe, l'oignon, l'huile et beaucoup de sel et de poivre au goût. Une fois refroidis, étalez-les sur les feuilles de salade et décorez-les joliment. Utilisez le bulgar restant comme vous le souhaitez.

Salade Sultane

Serveur 4

Un favori personnel, garni de morceaux de fromage feta et servi avec du pain pita en fait un repas complet.

1 quantité de bulgare

1-2 gousses d'ail, écrasées

1 carotte, râpée

15 ml/1 cuillère à soupe de feuilles de menthe hachées

60 ml/4 cuillères à soupe de persil haché

Jus d'1 gros citron, filtré

45 ml/3 cuillères à soupe d'huile d'olive ou de tournesol, ou un mélange des deux

Laitue

Amandes grillées et olives vertes, pour la décoration

Cuire le boulgar selon les instructions, puis incorporer l'ail, la carotte, la menthe, le persil, le jus de citron et l'huile. Disposer sur une assiette recouverte de laitue et parsemer d'amandes grillées et d'olives vertes.

Couscous

Serveur 4

Le couscous est à la fois une céréale et le nom d'un ragoût de viande ou de légumes nord-africain. Fabriquée à partir de semoule de blé dur (crème de blé), elle ressemble à de minuscules perles parfaitement arrondies. Autrefois fabriqué à la main par des cuisiniers amateurs dévoués et talentueux, il est désormais disponible en sachets et peut être préparé en un éclair, grâce à une technique française qui supprime la tâche fastidieuse et lente de la cuisson à la vapeur. Vous pouvez remplacer le couscous par n'importe quel plat à base de bulgare (pages 209-10).

250 g/9 oz/1½ tasse de couscous du commerce
300 ml/½ pt/1¼ tasse d'eau bouillante
5 à 10 ml/1 à 2 cuillères à café de sel

Placer le couscous dans une casserole de 1,75 litre/3 pt/7½ tasse et cuire à découvert à feu vif pendant 3 minutes en remuant toutes les minutes. Ajouter l'eau et le sel et mélanger. Couvrir d'une assiette et cuire à pleine température pendant 1 minute. Laisser au micro-ondes pendant 5 minutes. Avant de servir, écrasez-le à la fourchette.

Gruau

Serveur 4

La semoule (griza hominy) est une céréale (maïs) blanc cassé à base de maïs d'Amérique du Nord. Il se mange avec du lait chaud et du sucre ou avec du beurre et du sel et du poivre. Il est disponible dans les magasins spécialisés comme Harrods à Londres.

150 g/5 oz/petit 1 tasse de semoule
150 ml/¼ pt/2/3 tasse d'eau froide
600 ml/1 pt/2½ tasses d'eau bouillante
5 ml/1 cuillère à café de sel

Placer la semoule dans un récipient de 2,5 pintes/4½ pt/11 tasses. Mélanger délicatement avec de l'eau froide, puis incorporer l'eau bouillante et le sel. Cuire à découvert à pleine température pendant 8 minutes en remuant quatre fois. Couvrir d'une assiette et laisser reposer 3 minutes avant de servir.

Gnocchis à la romaine

Serveur 4

Les gnocchis se retrouvent souvent dans les restaurants italiens, où ils sont très appréciés. Il constitue un plat copieux et sain pour le déjeuner ou le dîner avec une salade et utilise des ingrédients économiques.

600 ml/1 pt/2½ tasses de lait froid
150 g/5 oz/¾ tasse de semoule (crème de blé)
5 ml/1 cuillère à café de sel
50 g/2 oz/¼ tasse de beurre ou de margarine
75 g/3 oz/¾ tasse de parmesan râpé
2,5 ml/½ cuillère à café de moutarde continentale
1,5 ml/¼ cuillère à café de muscade râpée

1 gros oeuf, battu

Salade composée

ketchup aux tomates (catsup)

Mélangez doucement la moitié du lait froid avec la semoule dans un bol de 1,5 litre/2½ pt/6 tasse. Faites chauffer le reste du lait, à découvert, pendant 3 minutes. Mélangez la semoule avec le sel. Cuire à découvert à feu vif pendant 7 minutes jusqu'à épaississement, en remuant quatre ou cinq fois pour garder le mélange lisse. Retirer du micro-ondes et incorporer la moitié du beurre, la moitié du fromage et toute la moutarde, la muscade et l'œuf. Cuire à découvert à pleine température pendant 1 minute. Couvrir d'une assiette et laisser reposer 1 minute. Étaler dans un plat carré peu profond huilé ou graissé de 23 cm/9 po. Couvrir légèrement de papier absorbant et réfrigérer jusqu'à ce qu'il soit ferme et ferme. Couper en carrés de 2,5 cm/1. Disposer dans un moule rond graissé de 23 cm/9 en cercles superposés. Saupoudrer du reste du fromage, saupoudrer du reste de beurre et cuire au four préchauffé pendant 15 minutes jusqu'à ce qu'il soit doré.

Gnocchis Au Jambon

Serveur 4

Préparez comme pour les Gnocchi alla Romana, mais ajoutez 75 g/3 oz/¾ tasse de jambon de Parme haché avec du lait chaud.

Millet

Pour 4 à 6 personnes

Une céréale agréable et délicate, apparentée au sorgho, qui constitue un substitut inhabituel au riz. Consommé avec des légumineuses (pois, haricots et lentilles), il constitue un repas équilibré et riche en protéines.

175 g/6 oz/1 tasse de millet
750 ml/1¼ points/3 tasses d'eau bouillante ou de bouillon
5 ml/1 cuillère à café de sel

Placer le millet dans un bol de 2 pintes/3½ pt/8½ tasses. Cuire au four, à découvert, à pleine température pendant 4 minutes, en remuant deux fois. Mélanger l'eau et le sel, disposer sur une assiette en cas de déversement. Cuire à découvert à feu vif pendant 20 à 25 minutes jusqu'à ce que toute l'eau soit absorbée. Piquez avec une fourchette et dégustez aussitôt.

Polenta

Pour 6 personnes

Céréale jaune pâle à base de maïs, semblable à la semoule (crème de blé), mais plus grossière. C'est un féculent de base en Italie et en Roumanie, où il est très prisé et souvent consommé en accompagnement de plats de viande, de volaille, d'œufs et de légumes. Ces dernières années, il est devenu une spécialité tendance des restaurants, souvent coupé en carrés et servi grillé (frit) ou frit (braisé) avec des sauces similaires à celles utilisées pour les spaghettis.

150 g/5 oz/¾ tasse de polenta
5 ml/1 cuillère à café de sel
125 ml/¼ pt/2/3 tasse d'eau froide

600 ml/1 pt/2½ tasses d'eau bouillante ou de bouillon

Placez la polenta et le sel dans un bol de 2 pintes/3½ pt/8½ tasses. Mélangez doucement avec de l'eau froide. Incorporer progressivement l'eau bouillante ou le bouillon. En cas de déversement, déposer sur une assiette. Cuire à découvert à feu vif pendant 7 à 8 minutes jusqu'à épaississement, en remuant quatre fois. Couvrir d'une assiette et laisser reposer 3 minutes avant de servir.

Polenta grillée

Pour 6 personnes

Préparez comme pour la polenta. Une fois cuite, étalez-la dans un plat carré graissé ou huilé de 23 cm/9. Lisser le dessus avec un couteau trempé et retiré de l'eau chaude. Couvrir légèrement de papier absorbant et laisser refroidir complètement. Couper en carrés, badigeonner d'huile d'olive ou de maïs et cuire ou faire frire comme d'habitude jusqu'à ce qu'ils soient dorés.

Polenta au pesto

Pour 6 personnes

Préparez comme pour la polenta, mais ajoutez 20 ml/4 cuillères à café de pesto rouge ou vert à l'eau bouillante.

Polenta aux tomates séchées ou pâte d'olives

Pour 6 personnes

Préparez comme de la polenta, mais ajoutez 45 ml/3 cuillères à soupe de pâte de tomates séchées ou d'olives à l'eau bouillante.

quinoa

Pour 2-3 personnes

Assez nouvelle sur la scène, une céréale riche en protéines du Pérou avec une étrange texture croquante et une saveur légèrement fumée. Il convient à tous les aliments et constitue un nouveau substitut au riz.

125 g/4 oz/2/3 tasse de quinoa
2,5 ml/½ cuillère à café de sel
550 ml/21/3 tasses d'eau bouillante

Placer le quinoa dans un bol de 1,75 pinte/3 pt/7½ tasse. Cuire au four, à découvert, à pleine température pendant 3 minutes, en remuant une fois. Ajouter le sel et l'eau et bien mélanger. Cuire à feu vif pendant 15 minutes en remuant quatre fois. Couvrir et laisser reposer 2 minutes.

polenta roumaine

Serveur 4

Le plat national roumain notoirement riche – la mamaliga.

1 quantité de polenta
75 g/3 oz/1/3 tasse de beurre
4 gros œufs fraîchement pochés
100 g/4 oz/1 tasse de fromage feta, émietté
150 ml/¼ pt/2/3 tasse de crème sure (laitière)

Préparez la polenta et laissez-la dans le récipient dans lequel elle a été cuite. Battez la moitié du beurre, versez des quantités égales sur quatre assiettes chauffées et faites un puits dans chacune. Remplissez d'œufs, saupoudrez de fromage et recouvrez du reste de beurre et de crème. Mange maintenant.

Riz au curry

Serveur 4

Convient en accompagnement de la plupart des plats orientaux et asiatiques, notamment indiens.

30 ml/2 cuillères à soupe d'huile d'arachide.
2 oignons, finement hachés
225 g/8 oz/1 tasse de riz basmati
2 petites feuilles de laurier
2 clous de girofle entiers
Graines de 4 gousses de cardamome
30 à 45 ml/2 à 3 cuillères à soupe de poudre de curry doux
5 ml/1 cuillère à café de sel

600 ml/1 pt/2½ tasses d'eau bouillante ou de bouillon de légumes

Placez l'huile dans un récipient de 2,25 litres/4 pt/10 tasses. Réchauffer, à découvert, à feu vif pendant 1 minute. Incorporer l'oignon et cuire à découvert pendant 5 minutes. Mélangez tous les ingrédients restants, couvrez d'un film alimentaire (film plastique) et coupez en deux pour laisser s'échapper la vapeur. Cuire jusqu'à la fin des 15 minutes en retournant la poêle quatre fois. Laisser poser 2 minutes. Étalez légèrement et servez.

Casserole de fromage cottage et de riz

Pour 3-4 personnes

Un superbe mélange de saveurs et de textures ramené d'Amérique du Nord il y a quelques années.

225 g/8 oz/1 tasse de riz brun
50 g/2 oz/¼ tasse de riz sauvage
1,25 litre/2¼ points/5½ tasses d'eau bouillante
10 ml/2 cuillères à café de sel
4 jeunes oignons (oignons verts), finement hachés
1 petit piment vert épépiné et haché
4 tomates blanchies, pelées et tranchées

125 g/4 oz de champignons, tranchés
225 g/8 oz/1 tasse de fromage cottage
75 g/3 oz/¾ tasse de fromage cheddar, râpé

Placez le riz brun et sauvage dans une casserole de 2,25 litres/4 pts/10 tasses. Mélanger l'eau et le sel. Couvrir d'un film transparent (film plastique) et couper en deux pour laisser s'échapper la vapeur. Cuire pendant 40 à 45 minutes jusqu'à ce que le riz soit dodu et tendre. Égoutter si nécessaire. et mettre de côté. Remplissez une cocotte de 1,75 pinte/3 pt/7½ tasse (faitout) avec des couches alternées de riz, d'oignon, de piments, de tomates, de champignons et de fromage cottage. Saupoudrer généreusement de cheddar râpé. Cuire à découvert jusqu'au bout de 7 minutes, en retournant la poêle deux fois.

Risotto Italien

Pour 2-3 personnes

2,5 à 5 ml/½ à 1 cuillère à café de safran en poudre ou 5 ml/1 cuillère à café de safran
50 g/2 oz/¼ tasse de beurre
5 ml/1 cuillère à café d'huile d'olive
1 gros oignon, pelé et râpé
225 g/8 oz/1 tasse de risotto légèrement cuit
600 ml/1 pt/2½ tasses d'eau bouillante ou de bouillon de poulet
150 ml/¼ pt/2/3 tasse de vin blanc sec
5 ml/1 cuillère à café de sel
50 g/2 oz/½ tasse de parmesan râpé

Si vous utilisez du safran, écrasez-le entre vos doigts dans un coquetier rempli d'eau tiède et laissez reposer 10 à 15 minutes. Placer la moitié du beurre et de l'huile dans un plat de 1,75 pinte/3 pt/7½ tasses. Réchauffer à découvert en décongelant pendant 1 minute. Incorporer l'oignon et cuire à découvert pendant 5 minutes. Mélangez le riz, l'eau ou le bouillon et le vin et les fils de safran avec de l'eau ou de la poudre de safran. Couvrir d'un film alimentaire (pellicule plastique) et couper en deux pour laisser s'échapper la vapeur. Cuire jusqu'à la fin des 14 minutes en retournant la poêle trois fois. Incorporez délicatement à la fourchette le reste du beurre, puis le sel et la moitié du parmesan. Cuire à découvert à feu vif pendant 4 à 8 minutes, en remuant doucement avec une fourchette toutes les 2 minutes, jusqu'à ce que le riz ait absorbé tout le liquide. Le temps de cuisson dépend du riz utilisé.

Risotto aux champignons

Pour 2-3 personnes

Cassez 20 g de champignons séchés, de préférence des cèpes, en petits morceaux, lavez-les bien sous l'eau froide courante, puis laissez-les tremper 10 minutes dans de l'eau bouillante ou dans le bouillon de poulet utilisé dans la recette du risotto italien. Procédez comme pour le risotto italien.

Riz brésilien

Pour 3-4 personnes

15 ml/1 cuillère à soupe d'huile d'olive ou de maïs
30 ml/2 cuillères à soupe d'oignon séché
225 g/8 oz/1 tasse de riz américain à grains longs ou basmati
5 à 10 ml/1 à 2 cuillères à café de sel
600 ml/1 pt/2½ tasses d'eau bouillante
2 grosses tomates blanchies, pelées et hachées

Versez l'huile dans un récipient de 2 litres/3½ pt/8½ tasses. Ajoutez l'oignon séché. Cuire à découvert jusqu'à la fin pendant 1¼ minute. Mélangez tous les ingrédients restants, couvrez d'un film alimentaire (film plastique) et coupez en deux pour laisser s'échapper la vapeur. Cuire jusqu'à la fin des 15 minutes en retournant la poêle quatre fois. Laisser poser 2 minutes. Étalez légèrement et servez.

Riz à l'espagnole

Pour 6 personnes

Une spécialité nord-américaine qui n'a pas grand-chose à voir avec l'Espagne si ce n'est l'ajout de poivrons et de tomates ! A manger avec des plats de volaille et d'œufs.

225 g/8 oz/1 tasse de riz à grains longs légèrement cuit
600 ml/1 pt/2½ tasses d'eau bouillante
10 ml/2 cuillères à café de sel
30 ml/2 cuillères d'huile de maïs ou de tournesol
2 oignons, finement hachés

1 poivron vert, épépiné et finement haché
400 g/14 oz/1 grande boîte de tomates hachées

Cuire le riz dans l'eau avec la moitié du sel selon les instructions. Rester au chaud. Versez l'huile dans un récipient de 1,75 litre/3 pt/7½ tasse. Réchauffer, à découvert, à feu vif pendant 1 minute. Incorporer l'oignon et le poivron, cuire à découvert à pleine température pendant 5 minutes en remuant deux fois. Incorporer les tomates. Chauffer à découvert à feu vif pendant 3 minutes et demie. Saupoudrez le reste de sel sur le riz chaud et servez immédiatement.

Pilaf turc ordinaire

Serveur 4

225 g/8 oz/1 tasse de risotto légèrement cuit
Eau bouillante ou bouillon de légumes
5 ml/1 cuillère à café de sel
40 g/1½ oz/3 cuillères à soupe de beurre

Cuire le riz dans de l'eau bouillante ou du bouillon additionné de sel selon les instructions. Ajouter le beurre dans un bol ou un bol. Laisser poser 10 minutes. Découvrir et fourchette. Couvrir d'une assiette et chauffer à pleine température pendant 3 minutes.

Pilaf turc riche

Serveur 4

225 g/8 oz/1 tasse de risotto légèrement cuit
Eau bouillante
5 ml/1 cuillère à café de sel
5 cm/2 dans un morceau de bâton de cannelle
40 g/1½ oz/3 cuillères à soupe de beurre
15 ml/1 cuillère à soupe d'huile d'olive
2 oignons, finement hachés

60 ml/4 cuillères à soupe de pignons de pin grillés
25 g de foie d'agneau ou de poulet, coupé en petits morceaux
30 ml/2 cuillères à soupe de groseilles ou de raisins secs
2 tomates blanchies, pelées et hachées

Faites cuire le riz dans l'eau et le sel dans une grande casserole ou un bol selon les instructions en ajoutant le bâton de cannelle. Mettre de côté. Placer le beurre et l'huile dans une casserole de 1,25 litre/2¼ pt/5½ tasse et chauffer, à découvert, à feu vif pendant 1 minute. Mélanger tous les ingrédients restants, couvrir d'une assiette et cuire à pleine température pendant 5 minutes en remuant deux fois. Incorporer délicatement le riz chaud avec une fourchette. Couvrir comme avant et réchauffer 2 minutes.

Riz thaï à la citronnelle, feuilles de citron vert et noix de coco

Serveur 4

Un miracle d'une délicatesse exceptionnelle, adapté à tous les plats thaïlandais de poulet et de poisson.

250 g/9 oz/grand 1 tasse de riz thaïlandais
400 ml/14 fl oz/1¾ tasses de lait de coco en conserve
2 feuilles de citron vert fraîches

1 feuille de citronnelle fendue dans le sens de la longueur ou 15 ml/1 cuillère à soupe de feuilles de mélisse hachées

7,5 ml/1½ cuillère à café de sel

Versez le riz dans une cocotte de 1,5 litre/2½ pt/6 tasses. Versez le lait de coco dans une tasse à mesurer et remplissez d'eau froide jusqu'à 600 ml/1 pt/2½ tasses. Chauffer, à découvert, à feu vif pendant 7 minutes jusqu'à ébullition et frémissement. Mélangez délicatement le riz avec tous les ingrédients restants. Couvrir d'un film alimentaire (pellicule plastique) et couper en deux pour laisser s'échapper la vapeur. Cuire à feu vif pendant 14 minutes. Laisser poser 5 minutes. Découvrez et retirez la citronnelle, si vous en utilisez. Écartez délicatement la fourchette et mangez immédiatement le riz légèrement mou et collant.

Gombo au chou

Pour 6 personnes

Une curiosité du Gabon, douce ou piquante selon la quantité de piment incluse.

30 ml/2 cuillères à soupe d'huile d'arachide.
450 g/1 lb de chou de Milan ou de chou vert, finement râpé
200 g de gombo (doigts de dame), avec la pointe, la queue et coupé en morceaux
1 oignon, râpé
300 ml/½ pt/1¼ tasse d'eau bouillante
10 ml/2 cuillères à café de sel
45 ml/3 cuillères à soupe de pignons de pin légèrement grillés sous le grill (poulets de chair)
2,5 à 20 ml/¼ à 4 cuillères à café de poudre de chili

Versez l'huile dans une cocotte de 2,25 litres/4 pt/10 tasses (faitout). Incorporer les légumes verts et le gombo, puis le reste des ingrédients. Bien mélanger. Couvrir d'un film alimentaire (pellicule plastique) et couper en deux pour laisser s'échapper la vapeur. Cuire à feu vif pendant 7 minutes. Laisser poser 5 minutes. Cuire à feu vif pendant encore 3 minutes. Égoutter si nécessaire. et serveur.

Chou rouge à la pomme

Pour 8 personnes

Magnifique avec du jambon épicé, de l'oie et du canard, le chou rouge est d'origine scandinave et nord-européenne, aigre-doux et maintenant un accompagnement assez astucieux, il se comporte mieux au micro-ondes, où il conserve sa couleur rose foncé.

900 g de chou rouge
450 ml/¾ pt/2 tasses d'eau bouillante
7,5 ml/1½ cuillère à café de sel
3 oignons, finement hachés
3 pommes bouillies (à tarte), pelées et râpées
30 ml/2 cuillères à soupe de cassonade molle
2,5 ml/½ cuillère à café de graines de carvi
30 ml/2 cuillères à soupe de farine de maïs (amidon de maïs)
45 ml/3 cuillères à soupe de vinaigre de malt
15 ml/1 cuillère d'eau froide

Coupez le chou en enlevant toutes les feuilles extérieures meurtries ou endommagées. Coupez en quartiers et retirez la tige centrale dure, puis râpez le plus finement possible. Placer dans un récipient de 2,25 litres/4 pt/10 tasses. Ajoutez la moitié de l'eau bouillante et 5 ml/1 cuillère à café de sel. Couvrir d'une assiette et cuire à pleine température pendant 10 minutes en retournant la poêle quatre fois. Bien mélanger, puis incorporer le reste d'eau bouillante et le reste de sel, l'oignon, les pommes, le sucre et les graines de carvi. Couvrir d'un film alimentaire (film plastique) et couper en deux pour laisser s'échapper la vapeur. Cuire jusqu'à la fin des 20 minutes en retournant la poêle quatre fois. Retirer du micro-ondes. Mélangez délicatement la semoule de maïs avec le vinaigre et l'eau froide. Ajoutez le chou chaud et mélangez bien. Cuire à découvert à feu vif pendant 10 minutes en remuant trois fois. Laisser refroidir avant de réfrigérer toute la nuit. Pour servir, recouvrez à nouveau d'un film alimentaire frais et coupez deux fois pour libérer la vapeur, puis réchauffez pendant 5 à 6 minutes avant de servir. Vous pouvez également transférer les portions dans des assiettes latérales et couvrir chacune d'elles avec du papier absorbant, puis chauffer individuellement jusqu'à ce qu'elles soient cuites, 1 minute à la fois.

Chou rouge au vin

Pour 8 personnes

Préparez comme pour le chou rouge aux pommes, mais remplacez la moitié de l'eau bouillante par 250 ml/8 fl oz/1 tasse de vin rouge.

Choucroute norvégienne

Pour 8 personnes

900 g de chou blanc
90 ml/6 cuillères à soupe d'eau
60 ml/4 cuillères à soupe de vinaigre de malt
60 ml/4 cuillères à soupe de sucre cristallisé
10 ml/2 cuillères à café de graines de cumin
7,5-10 ml/1½-2 cuillères à café de sel

Coupez le chou en enlevant toutes les feuilles extérieures meurtries ou endommagées. Coupez en quartiers et retirez la tige centrale dure, puis râpez le plus finement possible. Placer dans un plat de 2,25 litres/4 pt/10 tasses avec tous les ingrédients restants. Bien mélanger avec deux cuillères. Couvrir d'un film alimentaire (pellicule plastique) et couper en deux pour laisser s'échapper la vapeur. Faites cuire la décongélation pendant 45 minutes en retournant la poêle quatre fois. Laisser une nuit à température ambiante pour permettre aux arômes de mûrir. Pour servir, disposer des portions individuelles sur des assiettes latérales et couvrir chacune de papier absorbant. Chauffer individuellement tout au long, en accordant environ 1 minute à chacun. Couvrir soigneusement et réfrigérer les restes.

Compote de gombos à la grecque et tomates

Pour 6 à 8 personnes

De nature très marginalement orientale, ce plat de légumes quelque peu inhabituel est devenu une proposition viable maintenant que le gombo (doigts de dame) est plus largement disponible. Cette recette est excellente avec de l'agneau ou en plat seul, accompagnée de riz.

900 g de gombo, dessus et queue
Sel et poivre noir fraîchement moulu
90 ml/6 cuillères à soupe de vinaigre de malt
45 ml/3 cuillères à soupe d'huile d'olive
2 oignons pelés et finement hachés
6 tomates blanchies, pelées et hachées finement
15 ml/1 cuillère à soupe de cassonade molle

Étalez le gombo sur une grande assiette plate. Saupoudrez de sel et de vinaigre pour réduire le risque que le gombo se fende et devienne visqueux. Laisser poser 30 minutes. Laver et sécher sur du papier absorbant. Versez l'huile dans une casserole de 2,5 litres/4½ pt/11 tasses et ajoutez l'oignon. Cuire à découvert à feu vif pendant 7 minutes en remuant trois fois. Incorporer tous les ingrédients restants, y compris le gombo, et assaisonner au goût. Couvrir d'une assiette et cuire 9 à 10 minutes, en remuant trois à quatre fois, jusqu'à ce que le gombo soit tendre. Laisser reposer 3 minutes avant de servir.

Légumes verts à la tomate, à l'oignon et au beurre de cacahuète

Pour 4 à 6 personnes

Essayez cette spécialité du Malawi avec des tranches de pain blanc comme plat végétarien ou servez-la en accompagnement avec du poulet.

450 g d'oignons verts, finement râpés
150 ml/¼ pt/2/3 tasse d'eau bouillante
5 à 7,5 ml/1 à 1½ cuillère à café de sel
4 tomates blanchies, pelées et tranchées
1 gros oignon, finement haché
60 ml/4 cuillères à soupe de beurre de cacahuète croquant

Placer les légumes dans un récipient de 2,25 litres/4 pts/10 tasses. Mélangez l'eau et le sel, couvrez d'un film alimentaire (film plastique) et coupez en deux pour laisser s'échapper la vapeur. Cuire à feu vif pendant 20 minutes. Découvrez et incorporez les tomates, les oignons et le beurre de cacahuète. Couvrez comme avant et faites cuire à feu vif pendant 5 minutes.

Navets sucrés et crémeux

Serveur 4

Cette manière attrayante de présenter les betteraves remonte à 1890, mais elle est aujourd'hui de nouveau à la mode.

450 g de betterave cuite (betterave), grossièrement râpée
150 ml/¼ pt/2/3 tasse de crème double (épaisse)
Sol
15 ml/1 cuillère à soupe de vinaigre
30 ml/2 cuillères à soupe de sucre demerara

Placer les betteraves dans un bol de 900 ml/1½ pt/3¾ tasse avec la crème et le sel au goût. Couvrir d'une assiette et chauffer jusqu'au bout pendant 3 minutes en remuant une fois. Incorporer le vinaigre et le sucre et servir immédiatement.

Betterave à l'orange

Pour 4 à 6 personnes

Un accompagnement vif et original pour les viandes et volailles de Noël.

450 g de betterave cuite (betterave), pelée et tranchée
75 ml/5 cuillères à soupe de jus d'orange fraîchement pressé
15 ml/1 cuillère à soupe de vinaigre de malt
2,5 ml/½ cuillère à café de sel
1 gousse d'ail pelée et écrasée

Disposez les betteraves dans un plat peu profond d'un diamètre de 18 cm/7. Fouettez le reste des ingrédients et versez sur les betteraves. Couvrir d'un film alimentaire (pellicule plastique) et couper en deux pour laisser s'échapper la vapeur. Cuire à feu vif pendant 6 minutes en retournant la poêle trois fois. Laisser poser 1 minute.

Céleri pelé

Pour 6 personnes

Un beau plat d'hiver au style gourmand, adapté aux poissons et volailles.

4 morceaux (tranches) maigres de bacon, hachés
900 g/2 lb de céleri (céleri-rave)
300 ml/½ pt/1¼ tasse d'eau froide
15 ml/1 cuillère à soupe de jus de citron
7,5 ml/1½ cuillère à café de sel
300 ml/½ pt/1¼ tasse de crème simple (légère)
1 petit sachet de chips (chips), écrasées en sachet

Placer le bacon sur une assiette et couvrir de papier absorbant. Cuire à pleine température pendant 3 minutes. Épluchez le céleri épaisse, lavez-le bien et coupez chaque tête en huit parties. Placer dans un bol de 2,25 litres/4 pt/10 tasses avec l'eau, le jus de citron et le sel. Couvrir d'un film alimentaire (pellicule plastique) et couper en deux pour laisser s'échapper la vapeur. Cuire jusqu'à la fin des 20 minutes en retournant la poêle quatre fois. Vidange. Tranchez le céleri et remettez-le dans le bol. Incorporer le bacon et la crème et saupoudrer de chips. Cuire à découvert pendant 4 minutes en retournant la poêle deux fois. Laisser reposer 5 minutes avant de servir.

Céleri à la sauce hollandaise à l'orange

Pour 6 personnes

Céleri avec une sauce hollandaise aux agrumes brillante et dorée à essayer avec le canard et le gibier.

900 g/2 lb de céleri (céleri-rave)
300 ml/½ pt/1¼ tasse d'eau froide
15 ml/1 cuillère à soupe de jus de citron
7,5 ml/1½ cuillère à café de sel
sauce maltaise
1 orange très douce, pelée et segmentée

Épluchez le céleri épaisse, lavez-le bien et coupez chaque tête en huit parties. Placer dans un bol de 2,25 litres/4 pt/10 tasses avec l'eau, le jus de citron et le sel. Couvrir d'un film alimentaire (pellicule plastique) et couper en deux pour laisser s'échapper la vapeur. Cuire jusqu'à la fin des 20 minutes en retournant la poêle quatre fois. Vidange. Tranchez le céleri et remettez-le dans le bol. Rester au chaud. Préparez la sauce maltaise et versez-la sur le céleri. Garnir de tranches d'orange.

Ragoût de légumes minceur

Serveur 2

Préparez comme pour le Fish Pot de Slimmer, mais omettez le poisson. Ajouter la viande tranchée de 2 avocats aux légumes cuits avec les épices et les herbes. Couvrir et réchauffer pendant 1 minute et demie.

Casserole de légumes aux œufs de Slimmer

Serveur 2

Préparez comme pour la cocotte de légumes Slimmer's, mais garnissez chaque portion d'1 œuf dur haché (dur).

Ratatouille

Pour 6 à 8 personnes

Une explosion de saveurs et de couleurs méditerranéennes fait partie de cette glorieuse cocotte de pourri de légumes. Chaud, froid ou chaud, cela semble aller avec tout.

60 ml/4 cuillères à soupe d'huile d'olive
3 oignons pelés et finement hachés
1 à 3 gousses d'ail écrasées
225 g de courgettes (courgette), tranchées finement
350 g/12 oz/3 tasses d'aubergine (aubergine), coupée en dés
1 gros poivron rouge ou vert, épépiné et haché
3 tomates mûres, pelées, blanchies et hachées
30 ml/2 cuillères à soupe de purée de tomates (pâte)
20 ml/4 cuillères à café de cassonade molle
10 ml/2 cuillères à café de sel
45 à 60 ml/3 à 4 cuillères à soupe de persil haché

Versez l'huile dans un récipient de 2,5 litres/4½ pt/11 tasses. Réchauffer, à découvert, à feu vif pendant 1 minute. Mélanger l'oignon et l'ail, cuire à découvert pendant 4 minutes. Incorporer tous les ingrédients restants sauf la moitié du persil. Couvrir d'une assiette et cuire à feu vif pendant 20 minutes en remuant trois ou quatre fois. Découvrir et cuire à feu vif pendant 8 à 10 minutes, en remuant quatre fois, jusqu'à ce que la majeure partie du liquide se soit évaporée. Incorporer le reste du persil. Servir immédiatement ou réfrigérer, couvrir et réfrigérer si vous mangez plus tard.

Panais caramélisés

Serveur 4

Idéal pour toutes les volailles rôties et le bœuf, choisissez pour cela des bébés panais pas plus gros qu'une grosse carotte.

450 g de petits panais, tranchés finement
45 ml/3 cuillères à soupe d'eau
25 g/1 oz/2 cuillères à soupe de beurre
7,5 ml/1½ cuillère à soupe de cassonade molle et foncée
Sol

Placez les panais dans une casserole de 1,25 litre/2¼ pt/5½ tasse d'eau. Couvrir d'un film alimentaire (pellicule plastique) et couper en deux pour laisser s'échapper la vapeur. Cuire jusqu'à la fin pendant 8 à 10 minutes, retourner la casserole et secouer doucement le contenu deux fois jusqu'à ce qu'il soit tendre. Versez l'eau. Ajoutez le beurre et le sucre et retournez les panais pour bien les enrober. Chauffer, à découvert, à feu vif pendant 1 à 1½ minutes, jusqu'à ce que le mélange soit vitreux. Saupoudrez de sel et mangez immédiatement.

Panais avec sauce aux œufs et beurre

Serveur 4

450 g de panais, coupés en dés
45 ml/3 cuillères à soupe d'eau
75 g/3 oz/1/3 tasse de beurre non salé (sucré)
4 jeunes oignons (oignons verts), finement hachés
45 ml/3 cuillères à soupe de chapelure légèrement grillée
1 œuf dur (dur), râpé
30 ml/2 cuillères à soupe de persil finement haché
Jus d'un ½ petit citron

Placez les panais dans une casserole de 1,5 litre/2½ pt/6 tasses d'eau. Couvrir d'un film alimentaire (pellicule plastique) et couper en deux pour laisser s'échapper la vapeur. Cuire à feu vif pendant 8 à 10 minutes. Laissez reposer pendant que vous préparez la sauce. Placer le beurre dans une tasse à mesurer et faire fondre à découvert tout en décongelant pendant 2 à 2½ minutes. Incorporer l'oignon et cuire à découvert tout en décongelant pendant 3 minutes, en remuant deux fois. Mélanger tous les ingrédients restants et chauffer en décongelant pendant 30 secondes. Égouttez les panais et transférez-les dans un plat chaud. Arrosez de sauce aux miettes et servez immédiatement.

Brocoli au fromage Suprême

Pour 4 à 6 personnes

450 g de brocoli
60 ml/4 cuillères à soupe d'eau
5 ml/1 cuillère à café de sel
150 ml/¼ pt/2/3 tasse de crème sure (laitière)
125 g/4 oz/1 tasse de fromage cheddar ou Jarlsberg, râpé
1 oeuf
5 ml/1 cuillère à café de moutarde douce manufacturée
2,5 ml/½ cuillère à café de paprika
1,5 ml/¼ cuillère à café de muscade râpée

Lavez le brocoli, divisez-le en fleurons et mettez-le dans une assiette creuse d'un diamètre de 20 cm/8 avec de l'eau et du sel. Couvrir d'un film alimentaire (pellicule plastique) et couper en deux pour laisser s'échapper la vapeur. Cuire à feu vif pendant 12 minutes. Bien égoutter. Fouettez le reste des ingrédients et versez sur le brocoli. Couvrir d'une assiette et cuire à pleine température pendant 3 minutes. Laisser poser 2 minutes.

Guvetch

Pour 6 à 8 personnes

Une interprétation bulgare colorée et délicieuse de la ratatouille. Servir seul avec du riz, des pâtes ou de la polenta ou en accompagnement de plats à base d'œufs, de viande et de volaille.

450 g/1 lb de haricots (verts) français ou kenyans, têtes et queues
4 oignons, tranchés très finement
3 gousses d'ail écrasées
60 ml/4 cuillères à soupe d'huile d'olive
6 poivrons de couleurs mélangées, nettoyés des graines et coupés en lanières
6 tomates blanchies, pelées et hachées
1 piment vert épépiné et finement haché (facultatif)
10 à 15 ml/2 à 3 cuillères à café de sel
15 ml/1 cuillère à soupe de sucre de canne (super fin).

Coupez chaque haricot en trois morceaux. Placez l'oignon et l'ail dans une casserole de 2,5 litres/4½ pt/11 tasses avec l'huile. Bien mélanger pour mélanger. Cuire à découvert jusqu'à la fin des 4 minutes. Mélangez soigneusement tous les ingrédients restants, y compris les haricots. Couvrir d'une assiette et cuire à pleine température pendant 20 minutes en remuant trois fois. Découvrir et cuire à feu vif pendant encore 8 à 10 minutes, en remuant quatre fois, jusqu'à ce que la majeure partie du liquide se soit évaporée. Servir immédiatement ou réfrigérer, couvrir et réfrigérer si vous mangez plus tard.

Fromage de céleri au bacon

Serveur 4

6 morceaux (tranches) de bacon entrelacé
350 g de céleri coupé en dés
30 ml/2 cuillères à soupe d'eau bouillante
30 ml/2 cuillères à soupe de beurre ou de margarine
30 ml/2 cuillères à soupe de farine nature (tout usage)
300 ml/½ pt/1¼ tasse de lait entier chaud
5 ml/1 cuillère à café de moutarde anglaise
225 g/2 tasses de fromage cheddar, râpé
Sel et poivre noir fraîchement moulu
Paprika
Pain frit (compote) pour servir

Placer le bacon sur une assiette et couvrir de papier absorbant. Cuire jusqu'à cuisson complète pendant 4 à 4½ minutes, en retournant l'assiette une fois. Égouttez le gras, puis hachez grossièrement les lardons. Mettez le céleri dans un autre bol avec de l'eau bouillante. Couvrir d'une assiette et cuire à pleine température pendant 10 minutes en retournant la poêle deux fois. Égoutter et conserver le liquide. Placer le beurre dans un plat de 1,5 pinte/2½ pt/6 tasses. Décongeler à découvert lors de la décongélation pendant 1 à 1½ minutes. Incorporer la farine et cuire à pleine température pendant 1 minute. Incorporer progressivement le lait. Cuire à découvert pendant 4 à 5 minutes jusqu'à ce qu'il épaississe uniformément, en remuant toutes les minutes. Incorporer l'eau de céleri, le céleri, le bacon, la moutarde et les deux tiers du fromage. Assaisonner selon l'envie. Transférez le mélange dans un bol propre. Saupoudrer le reste du fromage et saupoudrer de paprika. Réchauffer à découvert à feu vif pendant 2 minutes. Servir avec du pain frit.

Ragoût d'artichauts au bacon

Serveur 4

Préparez comme pour le fromage céleri au bacon, mais omettez le céleri. Placez 350 g/12 oz de topinambours dans un bol avec 15 ml/1 cuillère à soupe de jus de citron et 90 ml/6 cuillères à soupe d'eau bouillante. Couvrir d'un film alimentaire (pellicule plastique) et couper en deux pour laisser s'échapper la vapeur. Cuire à feu vif pendant 12 à 14 minutes jusqu'à tendreté. Égoutter en réservant 45 ml/3 cuillères à soupe d'eau. Ajouter les artichauts et l'eau à la sauce moutarde, bacon et fromage.

Pommes de terre caréliennes

Serveur 4

Recette de pommes de terre de printemps de la Finlande orientale.

450 g de pommes de terre nouvelles, lavées mais non pelées
30 ml/2 cuillères à soupe d'eau bouillante
125 g/4 oz/½ tasse de beurre, à température ambiante
2 œufs durs (durs), hachés

Placez les pommes de terre dans une casserole de 900 ml/1½ pt/3¾ tasse d'eau bouillante. Couvrir d'une assiette et cuire à pleine température pendant 11 minutes en remuant deux fois. Pendant ce temps, battez le beurre pour obtenir une crème onctueuse et incorporez les œufs. Egouttez les pommes de terre et mélangez-les au mélange aux œufs pendant que les pommes de terre sont encore très chaudes. Sers immédiatement.

Casserole hollandaise de pommes de terre et de Gouda avec tomates

Serveur 4

Un ragoût végétarien copieux et chaleureux qui peut être servi avec des légumes verts bouillis ou une salade croquante.

750 g de pommes de terre bouillies, tranchées épaisses
3 grosses tomates blanchies, pelées et tranchées finement
1 gros oignon rouge, râpé grossièrement
30 ml/2 cuillères à soupe de persil finement haché
175 g/6 oz/1½ tasse de fromage Gouda, râpé
Sel et poivre noir fraîchement moulu
30 ml/2 cuillères à soupe de farine de maïs (amidon de maïs)
30 ml/2 cuillères à soupe de lait froid
150 ml/¼ pt/2/3 tasse d'eau tiède ou de bouillon de légumes
Paprika

Beurrer un plat de 1,5 litre/2½ pt/6 tasses en alternant les couches de pommes de terre, de tomates, d'oignons, de persil et les deux tiers du fromage, en saupoudrant de sel et de poivre entre les couches. Mélangez délicatement la semoule de maïs avec le lait froid, puis ajoutez progressivement l'eau chaude ou le bouillon. Saupoudrer le reste du fromage et saupoudrer de paprika. Couvrir de papier absorbant et chauffer à feu vif pendant 12 à 15 minutes. Laisser reposer 5 minutes avant de servir.

Patates douces enrobées de beurre et de crème

Serveur 4

450 g de pommes de terre douces roses et jaunes (pas d'igname), pelées et coupées en dés
60 ml/4 cuillères à soupe d'eau bouillante
45 ml/3 cuillères à soupe de beurre ou de margarine
60 ml/4 cuillères à soupe de crème fouettée, réchauffée
Sel et poivre noir fraîchement moulu

Placer les pommes de terre dans une casserole de 1,25 pinte/2¼ pt/5½ tasse. Ajoutez de l'eau. Couvrir d'un film alimentaire (pellicule plastique) et couper en deux pour laisser s'échapper la vapeur. Cuire jusqu'au bout de 10 minutes en retournant la poêle trois fois. Laisser poser 3 minutes. Égoutter et bien écraser. Bien battre le beurre et la crème, bien assaisonner selon votre goût. Transférer dans un plat de service, couvrir d'une assiette et chauffer à pleine température pendant 1½ à 2 minutes.

Patate douce Maître d'Hôtel

Serveur 4

450 g de pommes de terre douces roses et jaunes (pas d'igname), pelées et coupées en dés
60 ml/4 cuillères à soupe d'eau bouillante
45 ml/3 cuillères à soupe de beurre ou de margarine
45 ml/3 cuillères à soupe de persil haché

Placer les pommes de terre dans une casserole de 1,25 pinte/2¼ pt/5½ tasse. Ajoutez de l'eau. Couvrir d'un film alimentaire (pellicule plastique) et couper en deux pour laisser s'échapper la vapeur. Cuire jusqu'au bout de 10 minutes en retournant la poêle trois fois. Laisser poser 3 minutes, puis égoutter. Ajoutez le beurre et retournez les pommes de terre, puis saupoudrez de persil.

Pommes de terre à la crème

Pour 4 à 6 personnes

Les pommes de terre cuites au four à micro-ondes conservent leur saveur et leur couleur et ont une excellente texture. Leurs nutriments sont préservés car la quantité d'eau utilisée pour la cuisson est minime. Vous économisez du carburant et vous n'avez pas de casserole à laver : vous pouvez même faire cuire des pommes de terre dans votre propre plat de service. Épluchez les pommes de terre le plus finement possible pour préserver les vitamines.

900 g de pommes de terre pelées, coupées en dés
90 ml/6 cuillères à soupe d'eau bouillante
30 à 60 ml/2 à 4 cuillères à soupe de beurre ou de margarine
90 ml/6 cuillères à soupe de lait tiède
Sel et poivre noir fraîchement moulu

Placer les morceaux de pomme de terre dans 1,75 litres/3 pt/7½ tasses d'eau. Couvrir d'un film alimentaire (pellicule plastique) et couper en deux pour laisser s'échapper la vapeur. Cuire jusqu'à tendreté, 15 à 16 minutes, en retournant la poêle quatre fois. Si besoin, égouttez puis écrasez finement, battez alternativement le beurre ou la margarine et le lait. La saison. Lorsqu'il est léger et mousseux, remuez-le avec une fourchette et réchauffez-le, à découvert, à feu vif pendant 2 à 2 minutes et demie.

Pommes de terre crémeuses au persil

Pour 4 à 6 personnes

Préparez comme des pommes de terre à la crème, mais mélangez 45-60 ml/3-4 cuillères à soupe de persil haché avec les épices. Chauffer encore 30 secondes.

Pommes de terre crémeuses au fromage

Pour 4 à 6 personnes

Préparez comme pour la crème de pommes de terre, mais mélangez 125 g de fromage à pâte dure râpé avec les épices. Chauffer encore 1½ minute.

Pommes de terre hongroises au paprika

Serveur 4

50 g/2 oz/¼ tasse de margarine ou de shortening
1 gros oignon, finement haché
750 g de pommes de terre, coupées en petits morceaux
45 ml/3 cuillères à soupe de flocons de paprika séchés
10 ml/2 cuillères à café de paprika
5 ml/1 cuillère à café de sel
300 ml/½ pt/1¼ tasse d'eau bouillante
60 ml/4 cuillères à soupe de crème aigre (lait)

Placez la margarine ou le shortening dans un récipient de 1,75 pinte/3 pt/7½ tasse. Chauffer, à découvert, à feu vif pendant 2 minutes, jusqu'à ce qu'il grésille. Ajouter l'oignon. Cuire à découvert jusqu'à la fin pendant 2 minutes. Incorporer les pommes de terre, les flocons de piment, le paprika, le sel et l'eau bouillante, couvrir d'un film alimentaire (pellicule plastique) et couper en deux pour laisser s'échapper la vapeur. Cuire jusqu'à la fin des 20 minutes en retournant la poêle quatre fois. Laisser poser 5 minutes. Verser sur des assiettes chauffées et garnir chacune de 15 ml/1 cuillère à soupe de crème.

Pommes de terre dauphines

Pour 6 personnes

Le gratin dauphinois – l'un des grands français et une expérience à savourer. Servir avec une salade de feuilles ou des tomates rôties, ou en accompagnement de viande, de volaille, de poisson et d'œufs.

900 g de pommes de terre à chair ferme, tranchées très finement
1-2 gousses d'ail, écrasées
75 ml/5 cuillères à soupe de beurre fondu ou de margarine
175 g/6 oz/1½ tasse de fromage Emmental ou Gruyère suisse
Sel et poivre noir fraîchement moulu
300 ml/½ pt/1¼ tasse de lait entier

Paprika

Pour ramollir les pommes de terre, mettez-les dans un grand bol et versez dessus de l'eau bouillante. Laisser poser 10 minutes puis égoutter. Mélangez l'ail avec du beurre ou de la margarine. Beurrer un plat creux d'un diamètre de 25 cm/10. En commençant et en terminant par les pommes de terre, remplissez le plat de couches alternées de tranches de pommes de terre, des deux tiers du fromage et des deux tiers du mélange de beurre, et saupoudrez de sel et de poivre entre les couches. Versez délicatement le lait sur les côtés du bol, puis badigeonnez-le du reste du fromage et du beurre à l'ail. Saupoudrer de paprika. Couvrir d'un film alimentaire (pellicule plastique) et couper en deux pour laisser s'échapper la vapeur. Cuire jusqu'à la fin des 20 minutes en retournant la poêle quatre fois. Les pommes de terre doivent être légèrement al dente, comme les pâtes, mais si vous préférez plus tendres, laissez cuire encore 3 à 5 minutes. Laisser reposer 5 minutes, puis découvrir et servir.

Pommes de terre de Savoie

Pour 6 personnes

Préparez comme pour les pommes de terre Dauphine, mais remplacez le lait par du bouillon ou moitié vin blanc et moitié bouillon.

Pommes de terre du château

Pour 6 personnes

Préparez comme pour les pommes de terre Dauphine, mais remplacez le lait par du cidre moyen.

Pommes de terre sauce au beurre d'amande

Pour 4 à 5 personnes

450 g de pommes de terre nouvelles, pelées et lavées
30 ml/2 cuillères à soupe d'eau
75 g/3 oz/1/3 tasse de beurre non salé (sucré)
75 g/3 oz/¾ tasse d'amandes effilées (tranchées), grillées et émiettées
15 ml/1 cuillère à soupe de jus de citron vert frais

Placez les pommes de terre dans une casserole de 1,5 litre/2½ pt/6 tasses d'eau. Couvrir d'un film alimentaire (pellicule plastique) et couper en deux pour laisser s'échapper la vapeur. Cuire à feu vif pendant 11 à 12 minutes jusqu'à tendreté. Laissez reposer pendant que vous préparez la sauce. Placer le beurre dans une tasse à mesurer et faire fondre à découvert tout en décongelant pendant 2 à 2½ minutes. Incorporer le reste des ingrédients, verser sur les pommes de terre égouttées et servir.

Tomates moutarde et citron vert

Serveur 4

Le goût frais des tomates les rend attrayantes comme accompagnement de l'agneau et de la volaille, ainsi que du saumon et du maquereau.

4 grosses tomates, coupées en deux horizontalement
Sel et poivre noir fraîchement moulu
5 ml/1 cuillère à café de zeste de citron vert finement râpé

30 ml/2 cuillères à soupe de moutarde à grains entiers
Jus d'1 citron vert

Disposez les tomates en cercle, côté coupé vers le haut, sur le bord d'une grande assiette. Saupoudrez de sel et de poivre. Mélangez bien le reste des ingrédients et répartissez-le sur les tomates. Cuire à découvert pendant 6 minutes en retournant la plaque trois fois. Laisser poser 1 minute.

Compote de concombre

Serveur 4

1 concombre, pelé
30 ml/2 cuillères à soupe de beurre ou de margarine, température de la cuisine
2,5-5 ml/½-1 cuillère à café de sel
30 ml/2 cuillères à soupe de feuilles de persil ou de coriandre finement hachées

Tranchez le concombre très finement, laissez-le reposer 30 minutes, puis séchez-le avec un torchon propre (torchon). Placer le beurre ou la margarine dans un bol de 1,25 litre/2¼ pt/5½ tasse et faire fondre à découvert pendant la décongélation pendant 1 à 1½ minutes. Incorporer le concombre et le sel et mélanger doucement jusqu'à ce qu'il soit bien enrobé de beurre. Couvrir d'une assiette et cuire à pleine température pendant 6 minutes en remuant deux fois. Découvrez et incorporez le persil ou la coriandre.

Compote de concombre au Pernod

Serveur 4

Préparez comme pour une compote de concombre, mais ajoutez 15 ml/1 cuillère de Pernod au concombre.

Moelle espagnole

Serveur 4

Supplément d'été pour compléter les volailles et les poissons.

15 ml/1 cuillère à soupe d'huile d'olive
1 gros oignon, pelé et haché

3 grosses tomates blanchies, pelées et hachées

450 g de courgette, pelée et coupée en dés

15 ml/1 cuillerée de marjolaine ou d'origan hachée

5 ml/1 cuillère à café de sel

Poivre noir fraichement moulu

Faites chauffer l'huile dans une casserole découverte de 1,75 litre/3 pt/7½ tasse à feu doux pendant 1 minute. Incorporer l'oignon et la tomate, couvrir d'une assiette et cuire à pleine température pendant 3 minutes. Mélanger tous les ingrédients restants, poivrer au goût. Couvrir d'une assiette et cuire à pleine température pendant 8 à 9 minutes jusqu'à ce que la moelle soit tendre. Laisser poser 3 minutes.

Gratin de courgettes et tomates

Serveur 4

3 tomates blanchies, pelées et hachées finement

4 courgettes (courgettes), égouttées, coupées en queues et tranchées finement
1 oignon, haché
15 ml/1 cuillère de vinaigre de malt ou de riz
30 ml/2 cuillères à soupe de persil plat haché
1 gousse d'ail, écrasée
Sel et poivre noir fraîchement moulu
75 ml/5 cuillères à soupe de cheddar ou d'emmental râpé

Placer les tomates, les courgettes, les oignons, le vinaigre, le persil et l'ail dans une assiette creuse d'un diamètre de 20 cm/8. Assaisonner au goût et bien mélanger. Couvrir d'un film alimentaire (pellicule plastique) et couper en deux pour laisser s'échapper la vapeur. Cuire jusqu'à la fin des 15 minutes en retournant la poêle trois fois. Découvrir et saupoudrer de fromage. Soit faites griller comme d'habitude, soit pour gagner du temps, retournez au micro-ondes et chauffez à puissance maximale pendant 1 à 2 minutes jusqu'à ce que le fromage fonde et fonde.

Courgettes aux baies de genièvre

Pour 4 à 5 personnes

8 baies de genièvre
30 ml/2 cuillères à soupe de beurre ou de margarine
450 g de courgettes (courgettes), égouttées, coupées en queues et tranchées finement
2,5 ml/½ cuillère à café de sel
30 ml/2 cuillères à soupe de persil finement haché

Avec le dos d'une cuillère en bois, écrasez délicatement les baies de genièvre. Mettez le beurre ou la margarine dans une assiette creuse d'un diamètre de 20 cm/8. Décongeler à découvert lors de la décongélation pendant 1 à 1½ minutes. Incorporer les baies de genièvre, les courgettes et le sel et étaler en une couche uniforme afin qu'elle recouvre le fond du bol. Couvrir d'un film alimentaire (pellicule plastique) et couper en deux pour laisser s'échapper la vapeur. Cuire jusqu'à la fin des 10 minutes en retournant la poêle quatre fois. Laisser poser 2 minutes. Découvrez et saupoudrez de persil.

Feuilles de Chine au beurre au Pernod

Serveur 4

Croisement de texture et de saveur entre le chou blanc et la laitue ferme, les feuilles de Chine sont un légume cuit très présentable et sont grandement rehaussées par l'ajout de Pernod, qui ajoute une délicate et subtile touche d'anis.

675 g/1½ lb de feuilles chinoises, déchiquetées
50 g/2 oz/¼ tasse de beurre ou de margarine
15 ml/1 cuillère à soupe de Pernod
2,5-5 ml/½-1 cuillère à café de sel

Placer les feuilles hachées dans un plat de 2 pintes/3½ pt/8½ tasses. Faire fondre le beurre ou la margarine dans un autre bol et décongeler pendant 2 minutes. Ajoutez le chou avec le Pernod et le sel et mélangez délicatement. Couvrir d'une assiette et cuire à pleine température pendant 12 minutes en remuant deux fois. Laisser reposer 5 minutes avant de servir.

Germes de soja à la chinoise

Serveur 4

450 g de germes de soja frais
10 ml/2 cuillères à café de sauce soja noire
5 ml/1 cuillère à café de sauce Worcestershire
5 ml/1 cuillère à café de sel d'oignon

Mélanger tous les ingrédients dans un grand bol à mélanger.

Transférer dans un plat à four profond de 20 cm/8 pouces (faitout).

Couvrir d'une assiette et cuire à pleine température pendant 5 minutes.

Laisser reposer 2 minutes, puis remuer et servir.

Carotte à l'orange

Pour 4 à 6 personnes

50 g/2 oz/¼ tasse de beurre ou de margarine
450 g de carottes râpées
1 oignon, râpé
15 ml/1 cuillère à soupe de jus d'orange frais
5 ml/1 cuillère à café de zeste d'orange finement râpé
5 ml/1 cuillère à café de sel

Mettez le beurre ou la margarine dans une assiette creuse d'un diamètre de 20 cm/8. Décongeler à découvert lors de la décongélation pendant 1½ minutes. Incorporer tous les ingrédients restants et bien mélanger. Couvrir d'un film alimentaire (pellicule plastique) et couper en deux pour laisser s'échapper la vapeur. Cuire jusqu'au bout de 15 minutes en retournant la poêle deux fois. Laisser reposer 2 à 3 minutes avant de servir.

Compote de chicorée

Serveur 4

*Un accompagnement de légumes insolite au léger goût d'asperge.
Servir avec des plats d'œufs et de volaille.*

*4 têtes de chicorée (endive belge)
30 ml/2 cuillères à soupe de beurre ou de margarine
1 cube de légumes
15 ml/1 cuillère à soupe d'eau bouillante
2,5 ml/½ cuillère à café de sel d'oignon
30 ml/2 cuillères à soupe de jus de citron*

Coupez la chicorée en jetant toutes les feuilles extérieures meurtries ou endommagées. Retirez le noyau en forme de cône du fond de chacun pour réduire l'amertume. Coupez la chicorée en tranches de 1,5 cm/½ d'épaisseur et placez-la dans une cocotte de 1,25 pinte/2¼ pt/5½ tasse (faitout). Faites fondre le beurre ou la margarine séparément en les décongelant pendant 1 minute et demie. Garnir de chicorée. Émiettez le cube de bouillon dans l'eau bouillante, puis ajoutez le sel et le jus de citron. Garnir de chicorée. Couvrir d'un film alimentaire (pellicule plastique) et couper en deux pour laisser s'échapper la vapeur. Cuire à feu vif pendant 9 minutes en retournant la poêle trois fois. Laissez reposer 1 minute avant de servir avec le jus du plat.

Compote de carottes au citron vert

Serveur 4

Un plat de carottes orange intense, conçu pour les ragoûts de viande et de gibier.

450 g de carottes, tranchées finement
60 ml/4 cuillères à soupe d'eau bouillante
30 ml/2 cuillères à soupe de beurre
1,5 ml/¼ cuillère à café de curcuma
5 ml/1 cuillère à café de zeste de citron vert finement râpé

Placez les carottes dans une casserole de 1,25 litre/2¼ pt/5½ tasse d'eau bouillante. Couvrir d'un film alimentaire (pellicule plastique) et couper en deux pour laisser s'échapper la vapeur. Cuire à feu vif pendant 9 minutes en retournant la poêle trois fois. Laisser poser 2 minutes. Vidange. Ajoutez immédiatement le beurre, le curcuma et le zeste de citron vert. Mangez immédiatement.

Fenouil au Xérès

Serveur 4

900 g de fenouil
50 g/2 oz/¼ tasse de beurre ou de margarine
2,5 ml/½ cuillère à café de sel
7,5 ml/1½ cuillère à café de moutarde française
30 ml/2 cuillères à soupe de sherry moyennement sec
2,5 ml/½ cuillère à café séché ou 5 ml/1 cuillère à café d'estragon frais haché

Lavez et séchez le fenouil. Jetez les zones brunes, mais laissez-les sur les « doigts » et les feuilles vertes. Faire fondre le beurre ou la margarine à découvert tout en décongelant pendant 1½ à 2 minutes. Fouettez légèrement le reste des ingrédients. Coupez chaque tête de fenouil en quartiers et placez-la dans une assiette creuse d'un diamètre de 25 cm/10. Badigeonner du mélange de beurre. Couvrir d'une assiette et cuire à pleine température pendant 20 minutes en retournant la poêle quatre fois. Laisser reposer 7 minutes avant de servir.

Compote de poireaux au jambon

Serveur 4

*5 poireaux étroits, environ 450 g/1 lb au total
30 ml/2 cuillères à soupe de beurre ou de margarine, température de la cuisine
225 g/2 tasses de jambon cuit, haché
60 ml/4 cuillères à soupe de vin rouge
Sel et poivre noir fraîchement moulu*

Coupez les extrémités du whisky des poireaux, puis coupez la « jupe » verte de chacun sauf 10 cm. Coupez soigneusement le poireau en deux dans le sens de la longueur presque jusqu'à la pointe. Lavez soigneusement les draps entre les draps sous l'eau froide courante pour éliminer toute saleté ou sable. Placez le beurre ou la margarine dans un moule de 25 x 20 cm/10 x 8. Faites fondre le glaçage pendant 1 à 1½ minutes, puis badigeonnez le fond et les côtés. Étalez les poireaux en une seule couche sur le fond. Saupoudrer de jambon et de vin et assaisonner. Couvrir d'un film alimentaire (pellicule plastique) et couper en deux pour laisser s'échapper la vapeur. Cuire jusqu'au bout de 15 minutes en retournant la poêle deux fois. Laisser poser 5 minutes.

Poireaux en pot

Serveur 4

5 poireaux étroits, environ 450 g/1 lb au total
30 ml/2 cuillères à soupe de beurre ou de margarine
60 ml/4 cuillères à soupe de bouillon de légumes
Sel et poivre noir fraîchement moulu

Coupez les extrémités du whisky des poireaux, puis coupez la « jupe » verte de chacun sauf 10 cm. Coupez soigneusement le poireau en deux dans le sens de la longueur presque jusqu'à la pointe. Lavez soigneusement les draps entre les draps sous l'eau froide courante pour éliminer toute saleté ou sable. Couper en tranches de 1,5 cm/½ d'épaisseur. Placer dans une cocotte de 1,75 pinte/3 pt/7½ tasse (faitout). Dans un autre bol, faire fondre le beurre ou la margarine et décongeler pendant 1½ minute. Ajouter le bouillon et goûter. Versez sur les poireaux. Couvrir d'une assiette et cuire à pleine température pendant 10 minutes en remuant deux fois.

Céleri en pot

Serveur 4

Préparez comme pour les poireaux rôtis, mais remplacez les poireaux par 450 g de céleri lavé. Si vous le souhaitez, ajoutez l'oignon finement haché et laissez cuire encore 1 minute et demie.

Poivrons farcis à la viande

Serveur 4

4 poivrons verts
30 ml/2 cuillères à soupe de beurre ou de margarine
1 oignon, finement haché
225 g/2 tasses de bœuf haché maigre
30 ml/2 cuillères à soupe de riz à grains longs
5 ml/1 cuillère à café de mélange d'herbes sèches
5 ml/1 cuillère à café de sel
120 ml/¼ tasse d'eau tiède

Coupez le dessus des poivrons et conservez-les. Jetez les fibres internes et les graines de chaque poivron. Coupez de fines tranches sur chaque base afin qu'elles tiennent debout sans basculer. Mettez le beurre ou la margarine dans un bol et faites chauffer à pleine température pendant 1 minute. Ajouter l'oignon. Cuire à découvert jusqu'à la fin pendant 3 minutes. Incorporer la viande en la cassant à la fourchette. Cuire à découvert jusqu'à la fin pendant 3 minutes. Mélangez le riz, les herbes, le sel et 60 ml/4 cuillères à soupe d'eau et versez le mélange dans les poivrons. Disposer verticalement et bien ensemble dans un plat profond et propre. Remettez les couvercles et versez le reste de l'eau dans la casserole autour des poivrons pour la sauce. Couvrir d'un film alimentaire (pellicule plastique) et couper en deux pour laisser s'échapper la vapeur. Cuire jusqu'au bout de 15 minutes en retournant la poêle deux fois. Laisser reposer 10 minutes avant de servir.

Poivrons farcis à la viande et aux tomates

Serveur 4

Préparez comme pour les poivrons farcis à la viande, mais remplacez l'eau par du jus de tomate sucré avec 10 ml/2 c.

Poivrons farcis à la dinde au citron et au thym

Serveur 4

Préparez comme pour les poivrons farcis à la viande, mais remplacez le bœuf par de la dinde hachée et 2,5 ml/½ cuillère à café de thym aux herbes mélangées. Ajoutez 5 ml/1 cuillère à café de zeste de citron finement râpé.

Éponges à la crème à la polonaise

Pour 6 personnes

Commun en Pologne et en Russie, où les champignons occupent une place de choix sur chaque table. A manger avec des pommes de terre nouvelles et des œufs durs.

30 ml/2 cuillères à soupe de beurre ou de margarine
450 g de champignons
30 ml/2 cuillères à soupe de farine de maïs (amidon de maïs)
30 ml/2 cuillères à soupe d'eau froide
300 ml/½ pt/1¼ tasse de crème sure (acide lactique).
10 ml/2 cuillères à café de sel

Placer le beurre ou la margarine dans un plat profond de 2,25 pintes/4 pts/10 tasses. Décongeler à découvert lors de la décongélation pendant 1½ minutes. Incorporer les champignons, couvrir d'une assiette et cuire à pleine température pendant 5 minutes en remuant deux fois. Mélangez délicatement la farine de maïs avec l'eau, ajoutez la crème et incorporez délicatement les champignons. Couvrir comme avant et cuire à feu vif pendant 7 à 8 minutes, en remuant trois fois, jusqu'à consistance épaisse et crémeuse. Ajoutez du sel et mangez immédiatement.

Poivrons aux champignons

pour 6 personnes

Préparez comme pour les génoises à la crème à la polonaise, mais ajoutez 1 gousse d'ail écrasée au beurre ou à la margarine avant qu'elle ne fonde. Mélangez 15 ml/1 cuillère à soupe de purée de tomates (pâte) et de poivrons aux champignons. Servir avec un peu de pâtes.

Champignons au curry

pour 6 personnes

Préparez comme pour les génoises à la crème à la polonaise, mais ajoutez 15 à 30 ml/1 à 2 cuillères à soupe de pâte de curry douce et une gousse d'ail écrasée au beurre ou à la margarine avant qu'elle ne fonde.

Remplacez la crème par du yaourt nature épais et mélangez-y 10 ml/2 cuillères à café de sucre (super fin) avec du sel. Servir avec du riz.

Dhal de lentilles

Pour 6-7 personnes

Distinctement oriental avec ses racines indiennes, ce Dhal de lentilles est assaisonné avec amour avec une multitude d'épices et peut être servi soit en accompagnement avec du curry, soit seul avec du riz comme repas nutritif et complet.

50 g/2 oz/¼ tasse de ghee, beurre ou margarine

4 oignons, hachés

1-2 gousses d'ail, écrasées

225 g/8 oz/1 1/3 tasses de lentilles orange, bien rincées

5 ml/1 cuillère à café de curcuma

5 ml/1 cuillère à café de paprika

2,5 ml/½ cuillère à café de gingembre moulu

20 ml/4 cuillères à café de garam masala
1,5 ml/¼ cuillère à café de poivre de Cayenne
Graines de 4 gousses de cardamome verte
15 ml/1 cuillère à soupe de purée de tomates (pâte)
750 ml/1¼ points/3 tasses d'eau bouillante
7,5 ml/1½ cuillère à café de sel
Feuilles de coriandre hachées, pour la garniture

Placez le ghee, le beurre ou la margarine dans une cocotte de 1,75 pinte/3 pt/7½ tasse (faitout). Réchauffer, à découvert, à feu vif pendant 1 minute. Mélanger l'oignon et l'ail, couvrir d'une assiette et cuire à pleine température pendant 3 minutes. Incorporer tous les ingrédients restants dans Couvrir d'une assiette et cuire à feu vif pendant 15 minutes en remuant quatre fois. Laisser poser 3 minutes. S'il est trop épais à votre goût, diluez-le avec un peu plus d'eau bouillante. Avant de servir, gonfler à la fourchette, garnir de coriandre.

Dhal à l'oignon et à la tomate

Pour 6-7 personnes

3 oignons
50 g/2 oz/¼ tasse de ghee, beurre ou margarine
1-2 gousses d'ail, écrasées
225 g/8 oz/1 1/3 tasses de lentilles orange, bien rincées
3 tomates blanchies, pelées et hachées
5 ml/1 cuillère à café de curcuma
5 ml/1 cuillère à café de paprika
2,5 ml/½ cuillère à café de gingembre moulu
20 ml/4 cuillères à café de garam masala
1,5 ml/¼ cuillère à café de poivre de Cayenne
Graines de 4 gousses de cardamome verte

15 ml/1 cuillère à soupe de purée de tomates (pâte)
750 ml/1 ¼ points/3 tasses d'eau bouillante
7,5 ml/1 ½ cuillère à café de sel
1 gros oignon, tranché finement
10 ml/2 cuillères à café d'huile de tournesol ou de maïs

Hachez finement 1 oignon et hachez le reste. Placez le ghee, le beurre ou la margarine dans une cocotte de 1,75 pinte/3 pt/7½ tasse (faitout). Réchauffer, à découvert, à feu vif pendant 1 minute. Incorporer l'oignon et l'ail hachés, couvrir d'une assiette et cuire à pleine température pendant 3 minutes. Mélanger tous les ingrédients restants, couvrir d'une assiette et cuire à pleine température pendant 15 minutes en remuant quatre fois. Laisser poser 3 minutes. S'il est trop épais à votre goût, diluez-le avec un peu plus d'eau bouillante. Divisez l'oignon émincé en rondelles et faites-le frire (frire) de la manière habituelle dans l'huile jusqu'à ce qu'il soit doré et croustillant. Piquez le dhal avec une fourchette avant de le servir garni de rondelles d'oignon. (Vous pouvez également omettre les oignons émincés et garnir à la place d'oignons frits prêts à l'emploi disponibles dans les supermarchés.)

Légumes de Madras

Serveur 4

25 g/1 oz/2 cuillères à soupe de ghee ou 15 ml/1 cuillère à soupe d'huile d'arachide (huile d'arachide)

1 oignon pelé et haché

1 poireau, paré et tranché

2 gousses d'ail, écrasées

15 ml/1 cuillère à soupe de poudre de curry piquant

5 ml/1 cuillère à café de cumin moulu

5 ml/1 cuillère à café de garam masala

2,5 ml/½ cuillère à café de curcuma

Jus d'1 petit citron

150 ml/¼ pt/2/3 tasse de bouillon de légumes

30 ml/2 cuillères à soupe de purée de tomates (pâte)
30 ml/2 cuillères à soupe de noix de cajou grillées
450 g/1 lb de légumes-racines cuits mélangés en dés
175 g/6 oz/¾ tasse de riz brun, cuit
Popadoms, pour servir

Placez le ghee ou l'huile dans un récipient de 2,5 litres/4½ pt/11 tasses. Réchauffer, à découvert, à feu vif pendant 1 minute. Ajouter l'oignon, le poireau et l'ail et bien mélanger. Cuire à découvert jusqu'à la fin pendant 3 minutes. Ajouter le curry, le cumin, le garam masala, le curcuma et le jus de citron. Cuire à découvert à feu vif pendant 3 minutes en remuant deux fois. Ajouter le bouillon, la purée de tomates et les noix de cajou. Couvrir d'une assiette inversée et cuire à pleine température pendant 5 minutes. Incorporer les légumes, couvrir comme avant et chauffer à pleine température pendant 4 minutes. Servir avec du riz brun et du popadome.

Curry de légumes mélangés

Pour 6 personnes

1,6 kg/3½ lb de légumes mélangés, comme des poivrons rouges ou verts ; courgettes (courgettes); aubergines pelées (aubergines); carotte; pomme de terre; Choux de Bruxelles ou brocoli; oignon; poireau

30 ml/2 cuillères à soupe d'huile d'arachide ou de maïs

2 gousses d'ail, écrasées

60 ml/4 cuillères à soupe de purée de tomates (pâte)

45 ml/3 cuillères à soupe de garam masala

30 ml/2 cuillères à soupe de poudre de curry doux, moyen ou piquant

5 ml/1 cuillère à café de coriandre moulue (coriandre)

5 ml/1 cuillère à café de cumin moulu
15 ml/1 cuillère de sel
1 grande feuille de laurier
400 g/14 oz/1 grande boîte de tomates hachées
15 ml/1 cuillère à soupe de sucre de canne (super fin).
150 ml/¼ pt/2/3 tasse d'eau bouillante
250 g/9 oz/grand 1 tasse de riz basmati ou à grains longs, cuit
Yaourt nature épais, pour servir

Préparez tous les légumes par type. Couper en petits cubes ou en tranches selon vos besoins. Placer dans un plat profond de 2,75 litres/5 pts/12 tasses. Mélangez tous les ingrédients restants sauf l'eau bouillante et le riz. Couvrir d'une grande assiette et cuire à feu vif pendant 25 à 30 minutes, en remuant quatre fois, jusqu'à ce que les légumes soient tendres mais encore fermes sous la dent. Retirez la feuille de laurier, ajoutez l'eau et goûtez pour l'assaisonnement - le curry aura peut-être besoin d'un peu plus de sel. Servir avec du riz et un bol de yaourt nature épais.

Salade méditerranéenne gélifiée

Pour 6 personnes

300 ml/½ pt/1¼ tasse de bouillon de légumes froid ou de bouillon de légumes
15 ml/1 cuillère de gélatine en poudre
45 ml/3 cuillères à soupe de jus de tomate
45 ml/3 cuillères à soupe de vin rouge
1 poivron vert épépiné et coupé en lanières
2 tomates blanchies, pelées et hachées
30 ml/2 cuillères à soupe de câpres égouttées
50 g/2 oz/¼ tasse de cornichons hachés
12 olives farcies, tranchées
10 ml/2 cuillères à café de sauce aux anchois

Versez 45 ml/3 cuillères à soupe de bouillon ou de bouillon de légumes dans un bol. Incorporez la gélatine et laissez-la ramollir pendant 5 minutes. Décongeler à découvert lors de la décongélation pendant 2 à 2½ minutes. Mélangez le jus de tomate et le vin dans le bouillon restant. Couvrir à froid, puis réfrigérer jusqu'à ce qu'il épaississe et prenne. Placez les lanières de poivron dans un bol et versez de l'eau bouillante dessus. Laisser ramollir 5 minutes, puis égoutter. Mélangez les lanières de tomates et de poivrons à la gelée astringente avec tous les autres ingrédients. Transférer dans un moule ou un plat de gelée humidifié de 1,25 pinte/2¼ pt/5½ tasse. Couvrir et réfrigérer quelques heures jusqu'à ce que le tout soit pris. Pour servir, plongez le moule ou le bassin dans et hors d'un bol d'eau chaude pour le desserrer, puis passez délicatement un couteau chaud et humide sur les côtés. Retourner sur une assiette humide avant de servir.

Salade de gelée grecque

Pour 6 personnes

Préparez comme pour la salade méditerranéenne en gelée, mais omettez les câpres et les cornichons (cornichons). Ajoutez 125 g/4 oz/1 tasse de fromage feta finement haché et 1 petit oignon haché. Remplacez les olives noires dénoyautées par des olives dénoyautées.

Salade de gelée russe

Pour 6 personnes

Préparez comme pour la salade méditerranéenne en gelée, mais remplacez 90 ml/6 cuillères à soupe de mayonnaise par du jus de tomate et du vin et 225 g/8 oz/2 tasses de carottes et pommes de terre hachées par des tomates et des poivrons. Ajoutez 30 ml/2 cuillères à soupe de petits pois bouillis.

Salade de chou à la mayonnaise à la moutarde

Pour 6 personnes

900 g de chou-rave
75 ml/5 cuillères à soupe d'eau bouillante
5 ml/1 cuillère à café de sel
10 ml/2 cuillères à café de jus de citron
60 à 120 ml/4 à 6 cuillères à soupe de mayonnaise épaisse
10 à 20 ml/2 à 4 cuillères à café de moutarde à grains entiers
Radis tranchés, pour la garniture

Épluchez abondamment le korabu, lavez-le bien et coupez chaque tête en huit parties. Placer dans une casserole de 1,25 litre/3 pt/7½ tasse d'eau, de sel et de jus de citron. Couvrir d'un film alimentaire (pellicule plastique) et couper en deux pour laisser s'échapper la vapeur. Cuire jusqu'à tendreté, 10 à 15 minutes, en retournant la poêle trois fois. Égoutter, couper en dés et placer dans un bol à mélanger. Mélangez la mayonnaise et la moutarde et mélangez le chou-rave dans ce mélange jusqu'à ce que les morceaux soient bien enrobés. Transférer dans un plat de service et garnir de tranches de radis.

Coupes de betteraves, céleri et pommes

Pour 6 personnes

60 ml/4 cuillères à soupe d'eau froide
15 ml/1 cuillère de gélatine en poudre
225 ml/1 tasse de jus de pomme
30 ml/2 cuillères à soupe de vinaigre de framboise
5 ml/1 cuillère à café de sel
225 g de betteraves cuites (non marinées), grossièrement râpées

1 pomme comestible (de dessert), pelée et grossièrement râpée
1 branche de céleri, coupée en fines allumettes
1 petit oignon, haché

Versez 45 ml/3 cuillères à soupe d'eau froide dans un petit bol, incorporez la gélatine et laissez ramollir 5 minutes. Décongeler à découvert lors de la décongélation pendant 2 à 2½ minutes. Mélangez le reste de l'eau froide avec le jus de pomme, le vinaigre et le sel. Couvrir à froid, puis réfrigérer jusqu'à ce qu'il épaississe et prenne. Ajouter la betterave, la pomme, le céleri et l'oignon à la gelée partiellement prise et mélanger délicatement jusqu'à ce que le tout soit bien mélangé. Transférer dans six petites tasses humidifiées, puis couvrir et réfrigérer jusqu'à ce qu'il soit ferme et ferme. Démoulez sur des assiettes individuelles.

Coupes Waldorf simulées

Pour 6 personnes

Préparez comme pour les coupes de betterave, céleri et pomme, mais ajoutez 30 ml/2 cuillères à soupe de noix hachées avec les légumes et la pomme.

Salade de céleri à l'ail, mayonnaise et pistaches

Pour 6 personnes

900 g/2 lb de céleri (céleri-rave)
300 ml/½ pt/1¼ tasse d'eau froide
15 ml/1 cuillère à soupe de jus de citron
7,5 ml/1½ cuillère à café de sel
1 gousse d'ail, écrasée
45 ml/3 cuillères à soupe de pistaches hachées grossièrement
60 à 120 ml/4 à 8 cuillères à soupe de mayonnaise épaisse
Feuilles de radis et pistaches entières, pour la décoration

Épluchez le céleri épaisse, lavez-le bien et coupez chaque tête en huit parties. Placer dans un bol de 2,25 litres/4 pt/10 tasses avec l'eau, le jus de citron et le sel. Couvrir d'un film alimentaire (pellicule plastique) et couper en deux pour laisser s'échapper la vapeur. Cuire jusqu'à la fin des 20 minutes en retournant la poêle quatre fois. Égoutter et couper en quartiers et placer dans un bol à mélanger. Ajouter l'ail et les pistaches hachées. Pendant qu'il est encore chaud, versez dessus de la mayonnaise jusqu'à ce que les morceaux de céleri soient bien enrobés. Transférer dans un plat de service. Avant de servir, garnir de feuilles de radicchio et de pistaches, de préférence encore chaudes.

Salade continentale de céleri

Serveur 4

Une collection de saveurs subtiles et complémentaires rendent cette salade de Noël adaptée à la dinde froide et au fumier.

750 g/1½ lb de céleri (céleri-rave)
75 ml/5 cuillères à soupe d'eau bouillante
5 ml/1 cuillère à café de sel
10 ml/2 cuillères à café de jus de citron
Pour l'habillage :
30 ml/2 cuillères d'huile de maïs ou de tournesol
15 ml/1 cuillère à soupe de vinaigre de malt ou de cidre
15 ml/1 cuillère à soupe de moutarde préparée
2,5 à 5 ml/½ à 1 cuillère à café de graines de carvi
1,5 ml/¼ cuillère à café de sel
5 ml/1 cuillère à café de sucre de canne (super fin).
Poivre noir fraîchement moulu

Épluchez le céleri épaisse et coupez-le en petits cubes. Placer dans une cocotte de 1,75 pinte/3 pt/7½ tasse. Ajouter l'eau bouillante, le sel et le jus de citron. Couvrir d'un film alimentaire (pellicule plastique) et couper en deux pour laisser s'échapper la vapeur. Cuire jusqu'à tendreté, 10 à 15 minutes, en retournant la poêle trois fois. Vidange. Battez bien tous les ingrédients restants. Ajouter au céleri chaud et bien mélanger. Couvrir et laisser refroidir. Servir à température ambiante.

Salade de céleri au bacon

Serveur 4

Préparez comme pour une salade continentale de céleri, mais ajoutez 4 tranches de bacon grillées (frites) et émiettées en même temps que la vinaigrette.

Salade d'artichauts aux poivrons et œufs dans une vinaigrette chaude

Pour 6 personnes

400 g/14 oz/1 gros cœurs d'artichauts en boîte, égouttés
400 g/14 oz/1 grande boîte de piments rouges, égouttés

10 ml/2 cuillères à café de vinaigre de vin rouge

60 ml/4 cuillères à soupe de jus de citron

125 ml/½ tasse d'huile d'olive

1 gousse d'ail, écrasée

5 ml/1 cuillère à café de moutarde continentale

5 ml/1 cuillère à café de sel

5 ml/1 cuillère à café de sucre de canne (super fin).

4 gros œufs durs (à la coque), pelés et râpés

225 g/8 oz/2 tasses de fromage feta, coupé en dés

Coupez les artichauts en deux et coupez les piments en lanières. Disposer en alternance autour d'une grande assiette en laissant un trou au milieu. Mettez le vinaigre, le jus de citron, l'huile, l'ail, la moutarde, le sel et le sucre dans un petit bol. Chauffer à découvert à feu vif pendant 1 minute en remuant deux fois. Placez l'œuf et le fromage en tas au milieu de la salade et versez délicatement la vinaigrette chaude dessus.

Garniture à la sauge et à l'oignon

Donne 225-275g/8-10oz/11/3-12/3 tasses

Pour le porc.

25 g/1 oz/2 cuillères à soupe de beurre ou de margarine

2 oignons préalablement cuits (voir tableau page 45), hachés
125 g/4 oz/2 tasses de chapelure blanche ou brune
5 ml/1 cuillère à café de sauge séchée
Un peu d'eau ou de lait
Sel et poivre noir fraîchement moulu

Placez le beurre ou la margarine dans un récipient de 1 litre/1¾ pt/4¼ tasse. Réchauffer, à découvert, à feu vif pendant 1 minute. Incorporer l'oignon, cuire à découvert pendant 3 minutes en remuant toutes les minutes. Incorporer la chapelure et la sauge et suffisamment d'eau ou de lait pour obtenir une consistance friable. Assaisonner selon l'envie. Utiliser à froid.

Garniture au céleri et au pesto

Donne 225-275g/8-10oz/11/3-12/3 tasses

Pour poissons et volailles.

Préparez comme pour la garniture à la sauge et à l'oignon, mais remplacez l'oignon par 2 branches de céleri finement hachées. Avant l'assaisonnement, ajoutez 10 ml/2 cuillères à café de pesto vert.

Garniture aux poireaux et tomates

Donne 225-275g/8-10oz/1 1/3-1 2/3 tasses

Pour viande et volaille.

25 g/1 oz/2 cuillères à soupe de beurre ou de margarine
2 poireaux, partie blanche seulement, tranchés très finement
2 tomates blanchies, pelées et hachées
125 g/4 oz/2 tasses de chapelure blanche fraîche
Sel et poivre noir fraîchement moulu
Bouillon de poulet possible

Placez le beurre ou la margarine dans un récipient de 1 litre/1¾ pt/4¼ tasse. Réchauffer, à découvert, à feu vif pendant 1 minute. Incorporer les poireaux, cuire à découvert à pleine température pendant 3 minutes en remuant trois fois. Incorporer les tomates et la chapelure et goûter. Attachez si nécessaire. avec des fournitures. Utiliser à froid.

Garniture au bacon

Donne 225-275g/8-10oz/1 1/3-1 2/3 tasses

Pour les viandes, volailles et poissons au goût prononcé.

4 morceaux (tranches) de bacon entrelacé, coupés en petits morceaux
25 g/1 oz/2 cuillères à soupe de beurre, de margarine ou de saindoux

125 g/4 oz/2 tasses de chapelure blanche fraîche
5 ml/1 cuillère à café de sauce Worcestershire
5 ml/1 cuillère à café de moutarde préparée
2,5 ml/½ cuillère à café de mélange d'herbes séchées
Sel et poivre noir fraîchement moulu
Du lait si besoin

Placer le bacon dans un moule de 1 L/1¾ pt/4¼ tasse avec le beurre, la margarine ou le shortening. Cuire à découvert à feu vif pendant 2 minutes en remuant une fois. Incorporer la chapelure, la sauce Worcestershire, la moutarde et les herbes et goûter. Attachez si nécessaire. avec du lait.

Garniture au bacon et aux abricots

Donne 225-275g/8-10oz/11/3-12/3 tasses

Pour la volaille et le gibier

Préparez comme une farce au bacon, mais ajoutez 6 moitiés d'abricots bien lavées et hachées grossièrement avec les herbes.

Garniture aux champignons, citron et thym

Donne 225-275g/8-10oz/1 1/3-1 2/3 tasses

Pour la volaille.

25 g/1 oz/2 cuillères à soupe de beurre ou de margarine
125 g/4 oz de champignons, tranchés
5 ml/1 cuillère à café de zeste de citron finement râpé
2,5 ml/½ cuillère à café de thym séché
1 gousse d'ail, écrasée
125 g/4 oz/2 tasses de chapelure blanche fraîche
Sel et poivre noir fraîchement moulu
Du lait si besoin

Placez le beurre ou la margarine dans un récipient de 1 litre/1¾ pt/4¼ tasse. Réchauffer, à découvert, à feu vif pendant 1 minute. Incorporer les champignons et cuire à découvert pendant 3 minutes en remuant deux fois. Incorporer le zeste de citron, le thym, l'ail et la chapelure et goûter. Versez le lait uniquement si la garniture reste sèche. Utiliser à froid.

Garniture aux champignons et poireaux

Donne 225-275g/8-10oz/1 1/3-1 2/3 tasses

Pour volailles, légumes et poissons.

25 g/1 oz/2 cuillères à soupe de beurre ou de margarine
1 poireau, partie blanche seulement, émincé très finement

125 g/4 oz de champignons, tranchés
125 g/4 oz/2 tasses de chapelure brune fraîche
30 ml/2 cuillères à soupe de persil haché
Sel et poivre noir fraîchement moulu
Du lait si besoin

Mettre le beurre ou la margarine dans un récipient de 1,25 litre/2¼ pt/5½ tasse. Réchauffer, à découvert, à feu vif pendant 1 minute. Incorporer les poireaux, cuire à découvert à pleine température pendant 2 minutes, remuer une fois. Incorporer les champignons, cuire à découvert 2 minutes en remuant. Incorporer la chapelure et le persil et goûter. Versez le lait uniquement si la garniture reste sèche. Utiliser à froid.

Garniture au jambon et à l'ananas

Donne 225-275g/8-10oz/11/3-12/3 tasses

Pour la volaille.

25 g/1 oz/2 cuillères à soupe de beurre ou de margarine

1 oignon, finement haché
1 rondelle d'ananas frais, la peau retirée et la chair hachée
75 g/3 oz/¾ tasse de jambon cuit, haché
125 g/4 oz/2 tasses de chapelure blanche fraîche
Sel et poivre noir fraîchement moulu

Placez le beurre ou la margarine dans un récipient de 1 litre/1¾ pt/4¼ tasse. Réchauffer, à découvert, à feu vif pendant 1 minute. Incorporer l'oignon, cuire à découvert pendant 2 minutes en remuant. Incorporer l'ananas et le jambon, cuire à découvert pendant 2 minutes en remuant. Étalez la chapelure et assaisonnez au goût. Utiliser à froid.

Garniture asiatique aux champignons et noix de cajou

Donne 225-275g/8-10oz/1 1/3-1 2/3 tasses

Pour volailles et poissons.

25 g/1 oz/2 cuillères à soupe de beurre ou de margarine
6 oignons nouveaux (oignons verts), hachés

125 g/4 oz de champignons, tranchés
125 g/4 oz/2 tasses de chapelure brune fraîche
45 ml/3 cuillères à soupe de noix de cajou grillées
30 ml/2 cuillères à soupe de feuilles de coriandre (coriandre).
Sel et poivre noir fraîchement moulu
Sauce soja possible

Mettre le beurre ou la margarine dans un récipient de 1,25 litre/2¼ pt/5½ tasse. Réchauffer, à découvert, à feu vif pendant 1 minute. Incorporer l'oignon et cuire à découvert pendant 2 minutes, en remuant une fois. Incorporer les champignons, cuire à découvert 2 minutes en remuant. Incorporer la chapelure, les noix de cajou et la coriandre et goûter. Versez de la sauce soja dessus seulement si la garniture reste sèche. Utiliser à froid.

Garniture au jambon et aux carottes

Donne 225-275g/8-10oz/1 1/3-1 2/3 tasses

Pour volaille, agneau et gibier.

Préparez comme pour la garniture jambon-ananas, mais remplacez les 2 carottes râpées par de l'ananas.

Garniture au jambon, banane et maïs sucré

Donne 225-275g/8-10oz/1 1/3-1 2/3 tasses

Pour la volaille.

Préparez comme pour la garniture jambon-ananas, mais remplacez 1 petite banane grossièrement écrasée par de l'ananas. Ajoutez 30 ml/2 cuillères à soupe de maïs avec la chapelure.

Garniture italienne

Donne 225-275g/8-10oz/1 1/3-1 2/3 tasses

Pour l'agneau, la volaille et le poisson.

30 ml/2 cuillères à soupe d'huile d'olive
1 gousse d'ail
1 feuille de céleri, hachée finement
2 tomates blanchies, pelées et hachées finement
12 olives noires dénoyautées, coupées en deux
10 ml/2 cuillères à café de feuilles de basilic hachées
125 g/4 oz/2 tasses de chapelure italienne fraîche comme une ciabatta
Sel et poivre noir fraîchement moulu

Placez l'huile d'olive dans un récipient de 1 litre/1¾ pt/4¼ tasse. Réchauffer, à découvert, à feu vif pendant 1 minute. Incorporer l'ail et le céleri, cuire à découvert pendant 2½ minutes, en remuant une fois. Incorporer tous les ingrédients restants et utiliser froid.

Garniture espagnole

Donne 225-275g/8-10oz/11/3-12/3 tasses

Pour poissons et volailles corsés.

Préparez comme pour la farce italienne, mais remplacez les olives farcies coupées en deux par des olives noires dénoyautées. Utilisez de la chapelure blanche nature au lieu de la chapelure italienne et ajoutez 30 ml/2 cuillères à soupe d'amandes moulues (moulues) et grillées.

Garniture à l'orange et à la coriandre

Rendement 175g/6oz/1 tasse

Pour viande et volaille.

25 g/1 oz/2 cuillères à soupe de beurre ou de margarine
1 petit oignon, finement haché
125 g/4 oz/2 tasses de chapelure blanche fraîche
Zeste finement râpé et jus d'1 orange
45 ml/3 cuillères à soupe de feuilles de coriandre finement hachées
Sel et poivre noir fraîchement moulu
Du lait si besoin

Placez le beurre ou la margarine dans un récipient de 1 litre/1¾ pt/4¼ tasse. Réchauffer, à découvert, à feu vif pendant 1 minute. Incorporer l'oignon et cuire à découvert jusqu'à ce qu'il soit complètement cuit, 3 minutes, en remuant une fois. Incorporer la chapelure, le zeste et le jus d'orange et la coriandre (coriandre) et goûter. Versez le lait uniquement si la garniture reste sèche. Utiliser à froid.

Garniture au citron vert et à la coriandre

Donne 175 g/6 oz/1 tasse

Pour le poisson.

Préparez comme pour la garniture à l'orange et à la coriandre, mais remplacez l'orange par le zeste râpé et le jus d'1 citron vert.

Garniture à l'orange et à l'abricot

Donne 275 g/10 oz/12/3 tasses

Pour les viandes et volailles riches.

125 g d'abricots secs lavés
Thé noir chaud
25 g/1 oz/2 cuillères à soupe de beurre ou de margarine
1 petit oignon, haché
5 ml/1 cuillère à café de zeste d'orange finement râpé
Jus d'1 orange
125 g/4 oz/2 tasses de chapelure blanche fraîche
Sel et poivre noir fraîchement moulu

Faire tremper les abricots dans du thé chaud pendant au moins 2 heures. Égoutter et couper en petits morceaux avec des ciseaux. Mettre le beurre ou la margarine dans un récipient de 1,25 litre/2¼ pt/5½ tasse. Réchauffer, à découvert, à feu vif pendant 1 minute. Ajouter l'oignon. Cuire à découvert à feu vif pendant 2 minutes en remuant une fois. Incorporer tous les ingrédients restants, y compris les abricots. Utiliser à froid.

Garniture aux pommes, raisins secs et noix

Donne 275 g/10 oz/12/3 tasses

Pour le porc, l'agneau, le canard et l'oie.

25 g/1 oz/2 cuillères à soupe de beurre ou de margarine
1 pomme comestible (de dessert), pelée, coupée en quartiers, épépinée et hachée
1 petit oignon, haché
30 ml/2 cuillères à soupe de raisins secs
30 ml/2 cuillères à soupe de noix hachées
5 ml/1 cuillère à café de sucre de canne (super fin).
125 g/4 oz/2 tasses de chapelure blanche fraîche
Sel et poivre noir fraîchement moulu

Mettre le beurre ou la margarine dans un récipient de 1,25 litre/2¼ pt/5½ tasse. Réchauffer, à découvert, à feu vif pendant 1 minute. Incorporer la pomme et l'oignon et cuire à découvert pendant 2 minutes, en remuant une fois. Incorporer tous les ingrédients restants et utiliser froid.

Garniture aux pommes, pruneaux et noix du Brésil

Donne 275 g/10 oz/1 2/3 tasses

Pour l'agneau et la dinde.

Préparez comme pour la garniture aux pommes, raisins secs et noix, mais remplacez-la par 8 pruneaux dénoyautés et hachés et 30 ml/2 c. Noix du Brésil tranchées finement.

Garniture aux pommes, dattes et noisettes

Donne 275 g/10 oz/12/3 tasses

Pour l'agneau et le gibier.

Préparez comme pour la garniture aux pommes, raisins secs et noix, mais remplacez 45 ml/3 cuillères à soupe de dattes hachées par des raisins secs et 30 ml/2 cuillères à soupe de noisettes grillées et hachées par des noix.

Garniture à l'ail, au romarin et au citron

Donne 175 g/6 oz/1 tasse

Pour l'agneau et le porc.

25 g/1 oz/2 cuillères à soupe de beurre ou de margarine
2 gousses d'ail, écrasées
Le zeste râpé d'1 petit citron
5 ml/1 cuillère à café de romarin séché, écrasé
15 ml/1 cuillère à soupe de persil haché
125 g/4 oz/2 tasses de chapelure fraîche blanche ou brune
Sel et poivre noir fraîchement moulu
Si nécessaire, du lait ou du vin rouge sec

Placez le beurre ou la margarine dans un récipient de 1 litre/1¾ pt/4¼ tasse. Réchauffer, à découvert, à feu vif pendant 1 minute. Incorporer l'ail et le zeste de citron et chauffer à découvert pendant 30 secondes. Remuer et incorporer le romarin, le persil et la chapelure. Assaisonner selon l'envie. Lier avec du lait ou du vin uniquement si la garniture reste sèche. Utiliser à froid.

Garniture à l'ail, au romarin et au citron avec du parmesan

Donne 175 g/6 oz/1 tasse.

Pour le boeuf.

Préparez comme pour la garniture à l'ail, au romarin et au citron, mais ajoutez 45 ml/3 cuillères à soupe de parmesan râpé.

Garniture de poissons et crustacés

Donne 275 g/10 oz/1 2/3 tasses

Pour le poisson et les légumes.

25 g/1 oz/2 cuillères à soupe de beurre ou de margarine
125 g/4 oz/1 tasse de crevettes entières décortiquées (crevettes)
5 ml/1 cuillère à café de zeste de citron finement râpé
125 g/4 oz/2 tasses de chapelure blanche fraîche
1 œuf battu
Sel et poivre noir fraîchement moulu
Du lait si besoin

Placez le beurre ou la margarine dans un récipient de 1 litre/1¾ pt/4¼ tasse. Réchauffer, à découvert, à feu vif pendant 1 minute. Incorporer les crevettes, le zeste de citron, la chapelure et l'œuf et goûter. Versez le lait uniquement si la garniture reste sèche. Utiliser à froid.

Garniture au jambon de Parme

Donne 275 g/10 oz/1 2/3 tasses

Pour la volaille.

Préparez comme pour la farce aux fruits de mer, mais remplacez les crevettes par 75 g de jambon de Parme haché grossièrement.

Garniture de chair à saucisse

Donne 275 g/10 oz/12/3 tasses

Pour la volaille et le porc.

25 g/1 oz/2 cuillères à soupe de beurre ou de margarine
225 g/8 oz/1 tasse de saucisses de porc ou de bœuf
1 petit oignon, râpé
30 ml/2 cuillères à soupe de persil finement haché
2,5 ml/½ cuillère à café de moutarde en poudre
1 œuf battu

Placez le beurre ou la margarine dans un récipient de 1 litre/1¾ pt/4¼ tasse. Réchauffer, à découvert, à feu vif pendant 1 minute. Incorporer la chair à saucisse et l'oignon. Cuire à découvert à pleine température pendant 4 minutes en remuant toutes les minutes pour que la chair à saucisse se brise bien. Incorporer tous les ingrédients restants et utiliser froid.

Garniture de viande de saucisse et de foie

Donne 275 g/10 oz/12/3 tasses

Pour la volaille.

Préparez comme pour la garniture à la chair à saucisse, mais réduisez la quantité de chair à saucisse à 175 g/6 oz/¾ tasse. Ajouter 50 g de foies de poulet grossièrement hachés avec la chair à saucisse et les oignons.

Garnir de chair à saucisse et de maïs sucré

Donne 275 g/10 oz/12/3 tasses

Pour la volaille.

Préparez comme pour la farce aux saucisses, mais en fin de cuisson, ajoutez 30 à 45 ml/2 à 3 cuillères à soupe de maïs cuit.

Garniture de saucisses et de viande d'orange

Donne 275 g/10 oz/12/3 tasses

Pour la volaille.

Préparez comme pour la farce aux saucisses, mais en fin de cuisson ajoutez 5-10 ml/1-2 cuillères à café de zeste d'orange finement râpé.

Garniture aux marrons et à l'œuf

Donne 350 g/12 oz/2 tasses

Pour la volaille.

125 g/4 oz/1 tasse de châtaignes séchées, trempées toute une nuit dans l'eau, puis égouttées

25 g/1 oz/2 cuillères à soupe de beurre ou de margarine

1 petit oignon, râpé

1,5 ml/¼ cuillère à café de muscade moulue

125 g/4 oz/2 tasses de chapelure brune fraîche

5 ml/1 cuillère à café de sel

1 gros oeuf, battu

15 ml/1 cuillère à soupe de crème double (épaisse)

Placer les châtaignes dans une cocotte de 1,25 pinte/2¼ pt/5½ tasse (faitout) et couvrir d'eau bouillante. Laisser poser 5 minutes. Couvrir d'un film alimentaire (pellicule plastique) et couper en deux pour laisser s'échapper la vapeur. Cuire jusqu'au bout de 30 minutes jusqu'à ce que les châtaignes soient tendres. Égoutter et laisser refroidir. Casser en petits morceaux. Mettre le beurre ou la margarine dans un récipient de 1,25 litre/2¼ pt/5½ tasse. Réchauffer, à découvert, à feu vif pendant 1 minute. Ajouter l'oignon. Cuire à découvert à feu vif pendant 2 minutes en remuant une fois. Incorporer les châtaignes, la muscade, la chapelure, le sel et l'œuf, mélanger avec la crème. Utiliser à froid.

Garniture aux marrons et aux canneberges

Donne 350 g/12 oz/2 tasses

Pour la volaille.

Préparez comme pour la garniture aux marrons et aux œufs, mais au lieu des œufs, mélangez la garniture avec 30 à 45 ml/2 à 3 cuillères à soupe de sauce aux canneberges. Ajoutez un peu de crème si la garniture est plutôt sèche.

Garniture crémeuse aux marrons

Donne 900 g/2 lb/5 tasses

Pour volailles et poissons.

50 g/2 oz/¼ tasse de beurre, margarine ou bacon
1 oignon, râpé
500 g/1 lb 2 oz/2¼ tasses de purée de marrons non sucrée en conserve
225 g/8 oz/4 tasses de chapelure blanche fraîche
Sel et poivre noir fraîchement moulu
2 oeufs, battus
Du lait si besoin

Placer le beurre, la margarine ou le jus de cuisson dans un bol de 1¾ quart/3 pt/7½ tasse. Réchauffer, à découvert, à feu vif pendant 1½ minute. Ajouter l'oignon. Cuire à découvert à feu vif pendant 2 minutes en remuant une fois. Bien mélanger la purée de marrons, la chapelure, le sel et le poivre au goût et les œufs. Versez le lait uniquement si la garniture reste sèche. Utiliser à froid.

Garniture crémeuse aux marrons et aux saucisses

Donne 900 g/2 lb/5 tasses

Pour volailles et gibiers.

Préparez comme pour la garniture crémeuse aux marrons, mais remplacez 250 g/9 oz/grande tasse de chair à saucisse par la moitié de la purée de marrons.

Garniture crémeuse aux marrons entiers

Donne 900 g/2 lb/5 tasses

Pour la volaille.

Préparez comme pour une garniture crémeuse aux marrons, mais ajoutez 12 marrons cuits et cassés avec de la chapelure.

Garniture aux marrons au persil et au thym

Donne 675 g/1½ lb/4 tasses

Pour la dinde et le poulet.

15 ml/1 cuillère à soupe de beurre ou de margarine
5 ml/1 cuillère à café d'huile de tournesol
1 petit oignon, finement haché
1 gousse d'ail, écrasée
50 g/2 oz/1 tasse de mélange à farce sec persil-thym
440 g/15½ oz/2 tasses de purée de marrons en conserve non sucrée
150 ml/¼ pt/2/3 tasse d'eau tiède
Le zeste finement râpé d'1 citron
1,5-2,5 ml/¼-½ cuillère à café de sel

Mettre le beurre ou la margarine et l'huile dans une poêle de 1,25 pinte/2¼ pt/5½ tasses. Chauffer, à découvert, à plein régime pendant 25 secondes. Ajouter l'oignon et l'ail. Cuire à découvert jusqu'à la fin pendant 3 minutes. Ajouter le mélange de garniture sec et bien mélanger. Cuire à découvert à feu vif pendant 2 minutes en remuant deux fois. Retirer du micro-ondes. Mélangez progressivement la purée de marrons en alternance avec l'eau chaude jusqu'à ce qu'elle devienne homogène. Incorporer le zeste de citron et le sel au goût. Utiliser à froid.

Garniture aux marrons et au jambon

Donne 675 g/1½ lb/4 tasses

Pour la dinde et le poulet.

Préparez comme pour la farce aux marrons avec du persil et du thym, mais ajoutez 75 g de marrons moulus avec le zeste de citron et le sel.

Garniture de foie de poulet

Donne 350 g/12 oz/2 tasses

Pour volailles et gibiers.

125 g/4 oz/2/3 tasse de foies de poulet
25 g/1 oz/2 cuillères à soupe de beurre ou de margarine
1 oignon, râpé
30 ml/2 cuillères à soupe de persil finement haché
1,5 ml/¼ cuillère à café moulue tout usage
125 g/4 oz/2 tasses de chapelure fraîche blanche ou brune
Sel et poivre noir fraîchement moulu
Bouillon de poulet possible

Lavez le foie et séchez-le sur du papier absorbant. Couper en petits morceaux. Mettre le beurre ou la margarine dans un récipient de 1,25 litre/2¼ pt/5½ tasse. Réchauffer, à découvert, à feu vif pendant 1 minute. Ajouter l'oignon. Cuire à découvert à feu vif pendant 2 minutes en remuant une fois. Ajoutez les foies. Cuire à découvert tout en décongelant pendant 3 minutes en remuant 3 fois. Incorporer le persil, le piment de la Jamaïque et la chapelure et goûter. Accompagnez-le d'un peu de bouillon uniquement si la garniture est plutôt sèche. Utiliser à froid.

Foie de poulet fourré aux pacanes et à l'orange

Donne 350 g/12 oz/2 tasses

Pour volailles et gibiers.

Préparez comme pour la farce au foie de volaille, mais ajoutez 30 ml/2 cuillères à soupe de noix de pécan concassées et 5 ml/1 cuillère à café de zeste d'orange finement râpé avec le zeste.

Garniture triple noix

Donne 350 g/12 oz/2 tasses

Pour volaille et viande.

15 ml/1 cuillère à soupe d'huile de sésame
1 gousse d'ail, écrasée
125 g/4 oz/2/3 tasse de noisettes finement moulues
125 g/4 oz/2/3 tasse de noix finement moulues
125 g/4 oz/2/3 tasse d'amandes finement moulues
Sel et poivre noir fraîchement moulu
1 œuf battu

Versez l'huile dans un bol assez grand. Réchauffer, à découvert, à feu vif pendant 1 minute. Ajouter l'ail. Cuire à découvert à pleine température pendant 1 minute. Mélangez toutes les noix et goûtez. Connectez-vous avec l'œuf. Utiliser à froid.

Garniture de pommes de terre et foie de dinde

Donne 675 g/1½ lb/4 tasses

Pour la volaille.

450 g de pommes de terre farinées
25 g/1 oz/2 cuillères à soupe de beurre ou de margarine
1 oignon, haché
2 morceaux (tranches) de bacon rayé, haché
5 ml/1 cuillère à café de mélange d'herbes sèches
45 ml/3 cuillères à soupe de persil finement haché
2,5 ml/½ cuillère à café de cannelle moulue
2,5 ml/½ cuillère à café de gingembre moulu
1 œuf battu
Sel et poivre noir fraîchement moulu

Faites cuire les pommes de terre selon les instructions pour les pommes de terre à la crème, mais n'utilisez que 60 ml/4 cuillères à soupe d'eau. Égoutter et écraser. Mettre le beurre ou la margarine dans un récipient de 1,25 litre/2¼ pt/5½ tasse. Réchauffer, à découvert, à feu vif pendant 1 minute. Incorporer l'oignon et le bacon, cuire à découvert pendant 3 minutes en remuant deux fois. Mélanger tous les autres ingrédients, y compris les pommes de terre, assaisonner au goût. Utiliser à froid.

Riz fourré aux herbes

Donne 450 g/1 lb/22/3 tasses

Pour la volaille.

125 g/4 oz/2/3 tasse de riz à grains longs légèrement cuit
250 ml/1 tasse d'eau bouillante
2,5 ml/½ cuillère à café de sel
25 g/1 oz/2 cuillères à soupe de beurre ou de margarine
1 petit oignon, râpé
5 ml/1 cuillère à café de persil haché
5 ml/1 cuillère à café de feuilles de coriandre (coriandre).
5 ml/1 cuillère à café de sauge
5 ml/1 cuillère à café de feuilles de basilic

Faites cuire le riz avec de l'eau et du sel selon les instructions. Mettre le beurre ou la margarine dans un récipient de 1,25 litre/2¼ pt/5½ tasse. Réchauffer, à découvert, à feu vif pendant 1 minute. Incorporer l'oignon et cuire à découvert pendant 1 minute, en remuant une fois. Mélangez le riz et les herbes. Utiliser à froid.

Riz espagnol fourré aux tomates

Donne 450 g/1 lb/2 2/3 tasses

Pour la volaille.

125 g/4 oz/2/3 tasse de riz à grains longs légèrement cuit
250 ml/1 tasse d'eau bouillante
2,5 ml/½ cuillère à café de sel
25 g/1 oz/2 cuillères à soupe de beurre ou de margarine
1 petit oignon, râpé
30 ml/2 cuillères à soupe de poivron vert haché
1 tomate, hachée
30 ml/2 cuillères à soupe d'olives farcies hachées

Faites cuire le riz avec de l'eau et du sel selon les instructions. Mettre le beurre ou la margarine dans un récipient de 1,25 litre/2¼ pt/5½ tasse. Réchauffer, à découvert, à feu vif pendant 1 minute. Incorporer l'oignon, le poivron vert, la tomate et les olives, cuire à découvert pendant 2 minutes en remuant. Incorporer le riz. Utiliser à froid.

Garniture aux fruits de riz

Donne 450 g/1 lb/2 2/3 tasses

Pour la volaille.

125 g/4 oz/2/3 tasse de riz à grains longs légèrement cuit
250 ml/1 tasse d'eau bouillante
2,5 ml/½ cuillère à café de sel
25 g/1 oz/2 cuillères à soupe de beurre ou de margarine
1 petit oignon, râpé
5 ml/1 cuillère à café de persil haché
6 moitiés d'abricots secs hachés
6 pruneaux dénoyautés, hachés
5 ml/1 cuillère à café de clémentine finement râpée ou d'écorce de satsuma

Faites cuire le riz avec de l'eau et du sel selon les instructions. Mettre le beurre ou la margarine dans un récipient de 1,25 litre/2¼ pt/5½ tasse. Réchauffer, à découvert, à feu vif pendant 1 minute. Incorporer l'oignon, le persil, les abricots, les pruneaux et le zeste. Cuire à découvert pendant 1 minute en remuant une fois. Incorporer le riz. Utiliser à froid.

Garniture de riz Père de l'Est

Donne 450 g/1 lb/22/3 tasses

Pour la volaille.

Préparez comme pour la garniture au riz aux herbes, mais utilisez uniquement de la coriandre. Ajoutez 6 barquettes de châtaignes d'eau tranchées et 30 ml/2 cuillères à soupe de noix de cajou grillées grossièrement hachées avec l'oignon.

Délicieuse garniture de riz aux noix

Donne 450 g/1 lb/22/3 tasses

Pour la volaille.

Préparez comme pour le riz fourré aux herbes, mais utilisez uniquement du persil. Ajoutez 30 ml/2 cuillères à soupe d'amandes coupées (tranchées) et frites et 30 ml/2 cuillères à soupe de cacahuètes salées avec les oignons.

Croustilles au chocolat

Faites le 16

75 g/3 oz/2/3 tasse de beurre ou de margarine
30 ml/2 cuillères à soupe de sirop doré (maïs léger), fondu
15 ml/1 cuillère à soupe de poudre de cacao (chocolat non sucré), tamisée
45 ml/3 cuillères à soupe de sucre en poudre (super fin)
75 g/3 oz/1½ tasse de cornflakes

Faire fondre le beurre ou la margarine et le sirop à découvert pendant la décongélation pendant 2-3 minutes. Incorporer le cacao et le sucre, ajouter les cornflakes avec une grande cuillère en métal, en mélangeant jusqu'à ce qu'ils soient bien enrobés. Verser dans des moules à gâteaux en papier (papier à biscuits), placer sur une planche ou un plateau et réfrigérer jusqu'à ce que le mélange soit pris.

Gâteau du diable

Pour 8 personnes

Un gâteau de rêve nord-américain pour robot culinaire avec une texture légère et aérée et une saveur de chocolat profonde.

100 g/4 oz/1 tasse de chocolat nature (mi-sucré), cassé en morceaux
225 g/8 oz/2 tasses de farine autolevante
25 g/1 oz/2 cuillères à soupe de poudre de cacao (chocolat non sucré)
1,5 ml/¼ cuillère à café de bicarbonate de soude (bicarbonate de soude)
200 g/7 oz/petit 1 tasse de cassonade molle et foncée
150g/5oz/2/3 tasse de beurre ou de margarine molle, à température ambiante
5 ml/1 cuillère à café d'essence de vanille (extrait)
2 gros œufs, température ambiante
120 ml/½ tasse de babeurre ou 60 ml/4 cuillères à soupe de lait écrémé et de yogourt nature
Glaçage (confiserie) pour le séchage

Tapisser le fond et les côtés d'un plat à soufflé profond d'un diamètre de 20 cm/8 de papier d'aluminium transparent (film plastique). Faites fondre le chocolat dans un petit bol au dégivreur pendant 3 à 4 minutes, remuez deux fois. Tamisez la farine, le cacao et le bicarbonate de soude directement dans le bol d'un robot culinaire. Ajouter le chocolat fondu avec tous les ingrédients restants et cuire environ 1 minute, ou jusqu'à ce que les ingrédients soient bien combinés et que le mélange ressemble à une pâte épaisse. Verser dans le récipient préparé et couvrir légèrement de papier absorbant. Cuire jusqu'à cuisson complète, 9 à 10 minutes, en retournant le moule deux fois, jusqu'à ce que le gâteau atteigne le bord du moule et que le dessus soit recouvert de petites bulles brisées et semble assez sec. S'il reste des taches collantes, faites cuire à feu vif pendant encore 20 à 30 secondes. Laissez-le au micro-ondes pendant environ 15 minutes (le gâteau va tomber un peu), puis sortez-le et laissez-le refroidir, jusqu'à ce qu'il soit juste tiède. Retirez délicatement du bol accroché au film alimentaire et transférez-le sur une grille pour qu'il refroidisse complètement. Retirez le film alimentaire et saupoudrez le dessus de sucre en poudre tamisé avant de servir. conserver dans une caisse hermétiquement fermée.

Gâteaux au moka

Pour 8 personnes

Préparez comme pour le gâteau Devil's Food, mais coupez le gâteau horizontalement en trois couches une fois refroidi. Fouetter 450 ml/¾ pt/2 tasses de crème double (épaisse) ou fouettée jusqu'à consistance épaisse. Sucrer au goût avec un peu de sucre tamisé, puis bien assaisonner avec du café noir froid. Utilisez un peu de crème pour empiler les couches de gâteau, puis retournez le reste sur le dessus et les côtés. Refroidir légèrement avant de servir.

Gâteau multicouche

Pour 8 personnes

Préparez comme pour le gâteau Devil's Food, mais coupez le gâteau horizontalement en trois couches une fois refroidi. Sandwich accompagné de confiture d'abricots, de crème fouettée et de chocolat râpé ou de pâte à tartiner au chocolat.

Gâteau aux cerises de la Forêt-Noire

Pour 8 personnes

Préparez-vous de la même manière que le gâteau Devil's Food, mais lorsqu'il est froid, coupez le gâteau horizontalement en trois couches et humidifiez chacune avec de la liqueur de cerise. Sandwich avec de la confiture de cerises (en conserve) ou une garniture aux cerises. Battre

300 ml/½ pt/1¼ tasse de crème double (épaisse) ou fouettée jusqu'à consistance épaisse. Répartir sur le dessus et les côtés du gâteau. Pressez des flocons de chocolat écrasés ou du chocolat râpé sur le côté, puis décorez le dessus avec des cerises glacées (confites) coupées en deux.

Gâteau au chocolat et à l'orange

Pour 8 personnes

Préparez-vous comme un gâteau du Diable, mais coupez le gâteau refroidi horizontalement en trois couches et humidifiez chacune avec de la liqueur d'orange. Sandwich avec de la marmelade d'orange finement râpée et une fine couche de pâte d'amande (pâte d'amande). Fouetter 300 ml/½ pt/1¼ tasse de crème double (épaisse) ou fouettée jusqu'à consistance épaisse. Colorer et sucrer légèrement avec 10-15 ml/2-3 cuillères à café de sirop noir (mélasse), puis incorporer 10 ml/2 cuillères à café d'écorces d'orange râpées. Répartir sur le dessus et les côtés du gâteau.

Gâteau à la crème au chocolat

Pour 8 à 10 personnes

30 ml/2 cuillères à soupe de poudre de cacao (chocolat non sucré)
60 ml/4 cuillères à soupe d'eau bouillante
175 g/6 oz/¾ tasse de beurre ou de margarine, à température ambiante
175 g/6 oz/¾ tasse de cassonade molle et foncée
5 ml/1 cuillère à café d'essence de vanille (extrait)
3 œufs, température ambiante
175 g/6 oz/1½ tasse de farine autolevante

15 ml/1 cuillère à soupe de sirop noir (mélasse)
Glaçage à la crème au beurre
Glaçage (pâtisserie) pour le séchage (facultatif)

Tapisser hermétiquement le fond et les côtés d'un plat à soufflé de 18 x 9 cm/7 x 3½ de diamètre d'un film alimentaire (pellicule plastique), en le laissant légèrement pendre sur le bord. Mélangez délicatement le cacao avec l'eau bouillante. Mélanger le beurre ou la margarine, le sucre et l'essence de vanille jusqu'à obtenir une mousse. Battez un œuf à la fois et ajoutez 15 ml/1 cuillère à soupe de farine à chaque œuf. Mélanger le reste de la farine avec le sirop noir jusqu'à consistance lisse. Répartir uniformément dans le plat préparé et couvrir légèrement de papier absorbant. Cuire au four pendant 6 à 6 minutes et demie, jusqu'à ce que le gâteau ait bien levé et ne paraisse plus humide sur le dessus. Ne faites pas trop cuire sinon le gâteau rétrécira et deviendra dur. Laisser reposer 5 minutes, puis retirer le gâteau du moule en tenant le film alimentaire (pellicule plastique) et le transférer sur une grille. Retirez délicatement le papier d'aluminium et laissez refroidir. Coupez le gâteau horizontalement en trois couches et enduisez-le de glaçage (glaçage). Avant de couper, saupoudrer le dessus de sucre en poudre tamisé, si désiré.

Gâteau au chocolat et moka

Pour 8 à 10 personnes

Préparez comme pour un gâteau à la crème au beurre au chocolat, mais parfumez le glaçage à la crème au beurre (glaçage) avec 15 ml/1 cuillère à soupe de café noir très fort. Pour un goût plus intense, ajoutez 5 ml/1 cuillère à café de café moulu au café liquide.

Gâteau orange-chocolat

Pour 8 à 10 personnes

Préparez comme pour un gâteau au beurre et au chocolat, mais ajoutez 10 ml/2 cuillères à café de zeste d'orange râpé aux ingrédients du gâteau.

Gâteau aux deux chocolats

Pour 8 à 10 personnes

Préparez comme pour un gâteau au chocolat et à la crème au beurre, mais ajoutez 100 g/4 oz/1 tasse de chocolat nature (mi-sucré) fondu et refroidi au glaçage. Laisser durcir avant utilisation.

Gâteau à la chantilly et aux noix

Pour 8 à 10 personnes

1 gâteau au chocolat au beurre
300 ml/½ pt/1¼ tasse de crème double (épaisse)
150 ml/¼ pt/2/3 tasse de crème fouettée
45 ml/3 cuillères à soupe de sucre (sucre glace), tamisé
Toute essence aromatique (extrait), telle que vanille, rose, café, citron,
orange, amande, ratafia

Noix, copeaux de chocolat, dragées argentées, pétales de fleurs confites ou fruits glacés (confits) pour la décoration

Coupez le gâteau horizontalement en trois couches. Fouettez les crèmes jusqu'à ce qu'elles deviennent épaisses. Incorporer le sucre en poudre et goûter. Enduire la croûte du gâteau de crème et décorer la partie supérieure selon vos envies.

Gâteau de Noël

Pour 8 à 10 personnes

1 gâteau au chocolat au beurre
45 ml/3 cuillères à soupe de confiture de framboises sans pépins (en conserve)
massepain (pâte d'amande)
300 ml/½ pt/1¼ tasse de crème double (épaisse)
150 ml/¼ pt/2/3 tasse de crème fouettée

60 ml/4 cuillères à soupe de sucre (super fin).
Cerises glacées (confites) et brins de houx comestibles pour la décoration

Coupez le gâteau en trois couches et placez-le en sandwich avec de la confiture recouverte de pâte d'amande ronde finement roulée. Fouetter la crème et le sucre en poudre jusqu'à obtenir une mousse mousseuse et recouvrir le dessus et les côtés du gâteau. Décorez le dessus avec des cerises et du houx.

Brownies américains

Faire 12

50 g/2 oz/½ tasse de chocolat nature (mi-sucré), cassé en morceaux
75 g/3 oz/2/3 tasse de beurre ou de margarine

175 g/6 oz/¾ tasse de cassonade molle et foncée

2 œufs, à température de cuisine, battus

150 g/5 oz/1¼ tasse de farine tout usage

1,5 ml/¼ cuillère à café de levure chimique

5 ml/1 cuillère à café d'essence de vanille (extrait)

30 ml/2 cuillères à soupe de lait froid

Glaçage (confiserie) pour le séchage

Beurrer et tapisser un plat de 25 x 16 3 5 cm/10 x 6½ 3 2 po. Faire fondre le chocolat et le beurre ou la margarine jusqu'au bout de 2 minutes, remuer jusqu'à ce que le tout soit bien mélangé. Battre le sucre et les œufs jusqu'à ce que le tout soit bien mélangé. Tamisez la farine et la levure chimique, puis mélangez délicatement au mélange chocolaté avec l'essence de vanille et le lait. Répartir uniformément dans le plat préparé et couvrir légèrement de papier absorbant. Cuire au four jusqu'à la fin, 7 minutes, jusqu'à ce que le gâteau ait bien levé et que le dessus soit décoré de petits trous d'aération brisés. Laisser refroidir dans le bol pendant 10 minutes. Couper en carrés, saupoudrer le dessus assez épais de sucre en poudre et laisser refroidir complètement sur une grille. conserver dans une caisse hermétiquement fermée.

Brownies au chocolat et aux noix

Faire 12

Préparez comme pour les brownies américains, mais ajoutez 90 ml/6 cuillères à soupe de noix grossièrement hachées avec le sucre. Cuire encore 1 minute.

Triangles de caramel à l'avoine

Faire 8

125 g/4 oz/½ tasse de beurre ou de margarine
50 g/2 oz/3 cuillères à soupe de sirop doré (maïs léger)
25 ml/1½ cuillère à soupe de sirop noir (mélasse)
100 g/4 oz/½ tasse de cassonade molle et foncée
225 g/2 tasses de flocons d'avoine

Beurrer soigneusement un plat creux d'un diamètre de 20 cm/8. Faire fondre le beurre, le filet, le filet et le sucre à découvert en décongélation pendant 5 minutes. Incorporer les flocons d'avoine et étaler le mélange dans un bol. Cuire à découvert à feu vif pendant 4 minutes, en retournant une fois. Laisser poser 3 minutes. Cuire encore 1½ minute. Laisser tiédir, puis couper en huit triangles. Retirer du moule une fois refroidi et conserver dans un récipient hermétique.

Triangles de muesli

Faire 8

Préparez comme pour les Oaten Toffee Triangles, mais remplacez le porridge par du muesli non sucré.

Reines au chocolat

Faire 12

125 g/4 oz/1 tasse de farine auto-levante
30 ml/2 cuillères à soupe de poudre de cacao (chocolat non sucré)
50 g/2 oz/¼ tasse de beurre ou de margarine, à température ambiante
50 g/2 oz/¼ tasse de cassonade molle légère
1 oeuf
5 ml/1 cuillère à café d'essence de vanille (extrait)
30 ml/2 cuillères à soupe de lait froid
Flormelis (confiseurs) sucre ou pâte à tartiner chocolatée pour la décoration (facultatif)

Tamisez ensemble la farine et le cacao. Dans un autre bol, battre le beurre ou la margarine et le sucre jusqu'à ce qu'ils soient tendres. Battre les œufs et l'essence de vanille. Mélanger le mélange de farine en alternance avec le lait, mélanger rapidement à la fourchette sans battre. Répartir dans 12 caissettes à gâteaux en papier (papiers à gâteaux). Placez-en six à la fois sur une plaque à pâtisserie en verre ou en plastique, couvrez légèrement de papier absorbant et faites cuire à feu vif pendant 2 minutes. Laisser refroidir sur une grille. Si vous le souhaitez, saupoudrez de sucre en poudre tamisé ou recouvrez de pâte à tartiner au chocolat. conserver dans une caisse hermétiquement fermée.

Queenies feuilletées au chocolat

Faire 12

Préparez comme pour les reines du chocolat, mais écrasez une petite barre de chocolat et incorporez-la délicatement au mélange à gâteau après avoir ajouté les œufs et l'essence de vanille.

Gâteau au son et à l'ananas pour le petit-déjeuner

Pour environ 12 pièces

Un gâteau assez dense et une collation utile pour le petit-déjeuner servi avec du yaourt et une boisson.

100 g/3½ oz/1 tasse de céréales à son entier
50 g/2 oz/¼ tasse de cassonade molle et foncée
175 g d'ananas écrasé en conserve
20 ml/4 cuillères à café de miel épais
1 œuf battu
300 ml/½ pt/1¼ tasse de lait écrémé
150 g/5 oz/1¼ tasse de farine complète autolevante

Tapisser hermétiquement le fond et les côtés d'un plat à soufflé de 18 cm/7 pouces d'un film alimentaire (pellicule plastique), en laissant très peu dépasser du bord. Mettez les céréales, le sucre, l'ananas et le miel dans un bol. Couvrir d'une assiette et réchauffer sur Defrost pendant 5 minutes. Incorporer le reste des ingrédients en mélangeant rapidement sans battre. Transférer dans le plat préparé. Couvrir légèrement de papier absorbant et cuire au four pour décongeler pendant 20 minutes, en retournant le moule quatre fois. Laisser refroidir jusqu'à ce qu'il soit chaud, puis transférer sur une grille en l'accrochant à un film alimentaire. Une fois complètement refroidi, conserver dans un contenant hermétique pendant 1 jour avant de trancher.

Biscuit aux fruits et au chocolat Gâteau croquant

Faites 10-12

200 g/7 oz/petit 1 tasse de chocolat nature (mi-sucré), cassé en carrés
225 g/8 oz/1 tasse de beurre non salé (doux) (pas de margarine)
2 gros œufs, à température de cuisine, battus
5 ml/1 cuillère à café d'essence de vanille (extrait)
75 g/3 oz/¾ tasse de noix mélangées grossièrement hachées
75 g/3 oz/¾ tasse d'ananas ou de papaye confits hachés
75 g/3 oz/¾ tasse de gingembre confit moulu
25 ml/1½ cuillère à soupe de sucre (sucre glace), tamisé
15 ml/1 cuillère à soupe de liqueur de fruits, comme le Grand Marnier ou le Cointreau
225 g/8 oz de crackers sucrés nature (biscuits) tels que des digestifs (biscuits Graham), coupés en 8 morceaux chacun

Bien recouvrir le fond et les côtés d'un récipient ou d'un moule à sandwich (poêle) de 20 cm de diamètre avec un film transparent (film plastique). Dans un grand bol découvert, faire fondre les pépites de chocolat au four pour les décongeler pendant 4 à 5 minutes jusqu'à ce qu'elles soient ramollies tout en conservant leur forme originale. Coupez le beurre en cubes plus gros et faites-le fondre à découvert pendant la décongélation pendant 2-3 minutes. Mélangez bien le chocolat fondu avec les œufs et l'essence de vanille. Mélangez tous les ingrédients restants. Une fois bien mélangé, étalez-le dans le moule préparé et couvrez-le de papier d'aluminium ou de papier d'aluminium transparent (film plastique). Réfrigérer 24 heures, puis retirer et décoller délicatement le film alimentaire. Couper en cubes pour servir. Conserver au réfrigérateur entre les portions, car le gâteau ramollit à température ambiante.

Gâteau croquant aux biscuits et moka aux fruits

Faites 10-12

Préparez comme pour le Gâteau Croquant Biscuit Fruité au Chocolat, mais dissolvez 20 ml/4 cuillères à café de poudre de café instantané ou de granulés avec du chocolat et remplacez la liqueur de café par de la liqueur de fruits.

Crunch Cake aux fruits, rhum et raisins secs

Faites 10-12

Préparez comme pour le Gâteau Croquant Biscuit Fruité Chocolat, mais remplacez les 100 g de raisins secs par des fruits confits et remplacez le rhum noir par de la liqueur.

Gâteau croquant à base de whisky aux fruits et de biscuits à l'orange

Faites 10-12

Préparez comme pour le Crunch Cake avec des biscuits aux fruits et au chocolat, mais mélangez le zeste finement râpé d'une orange au chocolat et au beurre, et remplacez le whisky par de la liqueur.

Gâteau croquant au chocolat blanc

Faites 10-12

Préparez comme pour la génoise chocolat-fruits, mais remplacez le chocolat blanc par du noir.

Cheesecake à deux étages aux abricots et aux framboises

Pour 12 personnes

Pour le socle :

100 g/3½ oz/½ tasse de beurre
225 g/8 oz/2 tasses Pépites de chocolat Digestive Graham Cracker
5 ml/1 cuillère à café d'épices mélangées (tarte aux pommes)

Pour la couche d'abricot :

60 ml/4 cuillères à soupe d'eau froide
30 ml/2 cuillères à soupe de gélatine en poudre
500 g/1 lb 2 oz/2¼ tasses de fromage cottage (fromage cottage onctueux).
250 g/9 oz/1¼ tasse de frais ou de fromage blanc
60 ml/4 cuillères à soupe de confiture d'abricots onctueuse (en conserve)
75 g/3 oz/2/3 tasse de sucre (superfin)
3 œufs, séparés

Une pincée de sel

Pour la couche de framboise :
45 ml/3 cuillères à soupe d'eau froide
15 ml/1 cuillère de gélatine en poudre
225 g de framboises fraîches, écrasées et tamisées (tamisées)
30 ml/2 cuillères à soupe de sucre en poudre (super fin)
150 ml/¼ pt/2/3 tasse de crème double (épaisse)

Pour la décoration :
Framboises fraîches, fraises et groseilles

Pour faire la base, faites fondre le beurre à découvert tout en décongelant pendant 3 à 3½ minutes. Incorporer la chapelure de biscuit et le mélange d'épices, répartir uniformément au fond d'un moule à charnière de 25 cm/10. Réfrigérer pendant 30 minutes jusqu'à ce que le tout soit pris.

Pour réaliser la couche d'abricots, mettez l'eau et la gélatine dans un bol et mélangez bien. Laisser reposer 5 minutes jusqu'à ce qu'il soit tendre. Décongeler à découvert lors de la décongélation pendant 2½ à 3 minutes. Mettez le caillé, le fromage ou le fromage blanc, la confiture, le sucre et les jaunes d'œufs dans un robot culinaire et faites fonctionner la machine jusqu'à ce que les ingrédients soient bien mélangés. Verser dans un grand bol, couvrir d'une assiette et réfrigérer jusqu'à ce qu'il épaississe et soit ferme sur les bords. Battre les blancs d'œufs et le sel jusqu'à ce qu'ils soient fermes. Incorporer un tiers du mélange de fromage, puis incorporer le reste avec une cuillère en métal ou une spatule. Répartir uniformément sur le fond biscuité. Couvrir légèrement de papier absorbant et réfrigérer pendant au moins 1 heure jusqu'à ce que le mélange soit pris.

Pour réaliser la couche de framboise, mettez l'eau et la gélatine dans un bol et mélangez bien. Laisser reposer 5 minutes jusqu'à ce qu'il soit tendre. Décongeler à découvert lors de la décongélation pendant 1½ à 2 minutes. Mélanger avec la purée de framboise et le sucre. Couvrir de papier d'aluminium ou d'un film alimentaire (pellicule plastique) et réfrigérer jusqu'à ce qu'il épaississe et se dépose sur les bords. Fouetter la crème jusqu'à ce qu'elle soit tendre. Incorporer un tiers du mélange de fruits, puis incorporer le reste avec une cuillère ou une spatule en métal. Répartir uniformément sur le mélange de cheesecake. Couvrir hermétiquement et mettre au réfrigérateur pendant quelques heures jusqu'à ce qu'il prenne. Pour servir, passez un couteau trempé dans de l'eau chaude sur le pourtour intérieur pour détacher le cheesecake. Relâchez la canette et retirez la page. Décorez le dessus avec des fruits. Couper en portions avec un couteau trempé dans l'eau chaude.

Gâteau au fromage au beurre de cacahuète

Pour 10 personnes

Pour le socle :

100 g/3½ oz/½ tasse de beurre

225 g/8 oz/2 tasses de chapelure de pain d'épice (biscuits).

Pour l'habillage :

90 ml/6 cuillères à soupe d'eau froide

45 ml/3 cuillères à soupe de gélatine en poudre

750 g/1½ lb/3 tasses de fromage cottage (fromage cottage onctueux).

4 œufs, séparés

5 ml/1 cuillère à café d'essence de vanille (extrait)

150g/5oz/2/3 tasse de sucre (super fin).

Une pincée de sel

150 ml/¼ pt/2/3 tasse de crème double (épaisse)

60 ml/4 cuillères à soupe de beurre de cacahuète onctueux, à température ambiante
Cacahuètes salées hachées ou ordinaires (facultatif)

Pour faire la base, faites fondre le beurre à découvert tout en décongelant pendant 3 à 3½ minutes. Incorporer la chapelure de biscuit, étaler sur le fond d'un moule à charnière de 20 cm/8 et réfrigérer 20 à 30 minutes jusqu'à ce qu'elle soit prise.

Pour préparer la vinaigrette, mettez l'eau et la gélatine dans un bol et mélangez bien. Laisser ramollir 5 minutes. Décongeler à découvert lors de la décongélation pendant 3 à 3½ minutes. Placer le fromage, les jaunes d'œufs, l'essence de vanille et le sucre dans un robot culinaire et faire fonctionner jusqu'à consistance lisse. Placer dans un grand bol. Battre les blancs d'œufs et le sel jusqu'à ce qu'ils soient fermes. Fouetter la crème jusqu'à ce qu'elle soit tendre. Mélanger alternativement les blancs d'œufs et la crème au mélange de fromage. Enfin, incorporez le beurre de cacahuète, répartissez uniformément dans le moule préparé, couvrez hermétiquement et laissez au réfrigérateur pendant au moins 12 heures. Pour servir, passez un couteau trempé dans l'eau chaude sur les côtés pour desserrer. Libérez la canette et retirez les côtés. Si vous le souhaitez, décorez de cacahuètes hachées. Couper en portions avec un couteau trempé dans l'eau chaude.

Gâteau au fromage au citron

Pour 10 personnes

Préparez comme pour le cheesecake au beurre de cacahuète, mais remplacez le beurre de cacahuète par du citron.

Cheesecake au chocolat

Pour 10 personnes

Préparez comme pour le Cheesecake au beurre de cacahuète, mais remplacez le beurre de cacahuète par de la pâte à tartiner au chocolat.

www.ingramcontent.com/pod-product-compliance
Lightning Source LLC
Chambersburg PA
CBHW071832110526
44591CB00011B/1302